MAYNE-REID

LA CORDE

FATALE

20 CENTIMES

PARIS

A. L. GUYOT, Éditeur

13, Rue du Croissant

267

8° Y² e

48312

LA CORDE FATALE

A.-L. GUYOT, éditeur, 12, rue Paul-Lelong

OUVRAGES DU MÊME AUTEUR

Collection à 20 centimes

Les Pirates du Mississipi .... 1 vol.
Bruin ou les jeunes Chasseurs d'ours. 2 vol.
Les Chasseurs du Limpopo .... 1 vol.
Gaspar le Gaucho .... 2 vol.
Les Chasseurs de Scalps .... 2 vol.
Voyage à fond de cale .... 1 vol.
Les Chasseurs de plantes .... 1 vol.
Les Grimpeurs de rochers .... 1 vol.
Les Boërs chasseurs d'ivoire .... 1 vol.
Les Vacances au désert .... 1 vol.
Les Chasseurs de girafes .... 1 vol.
Le Mousse de la « Pandore » .... 1 vol.
Épaves de l'Océan .... 1 vol.
La Corde fatale .... 1 vol.

Collection à un franc (grand in-8º)
Avec 125 illustrations en noir et couleur.

Bruin ou les jeunes Chasseurs d'ours. 1 vol.
Les Chasseurs de plantes .... 1 vol.
Les Grimpeurs de rochers .... 1 vol.
Voyage à fond de cale .... 1 vol.
Le Mousse de la « Pandore » .... 1 vol.
Epaves de l'Océan .... 1 vol.
Les Boërs chasseurs d'ivoire .... 1 vol.

CAPITAINE MAYNE-REID

La Corde fatale

Traduction et adaptation de GUY BRAND

PARIS

A.-L. GUYOT, Éditeur

12, Rue Paul-Lelong, 12

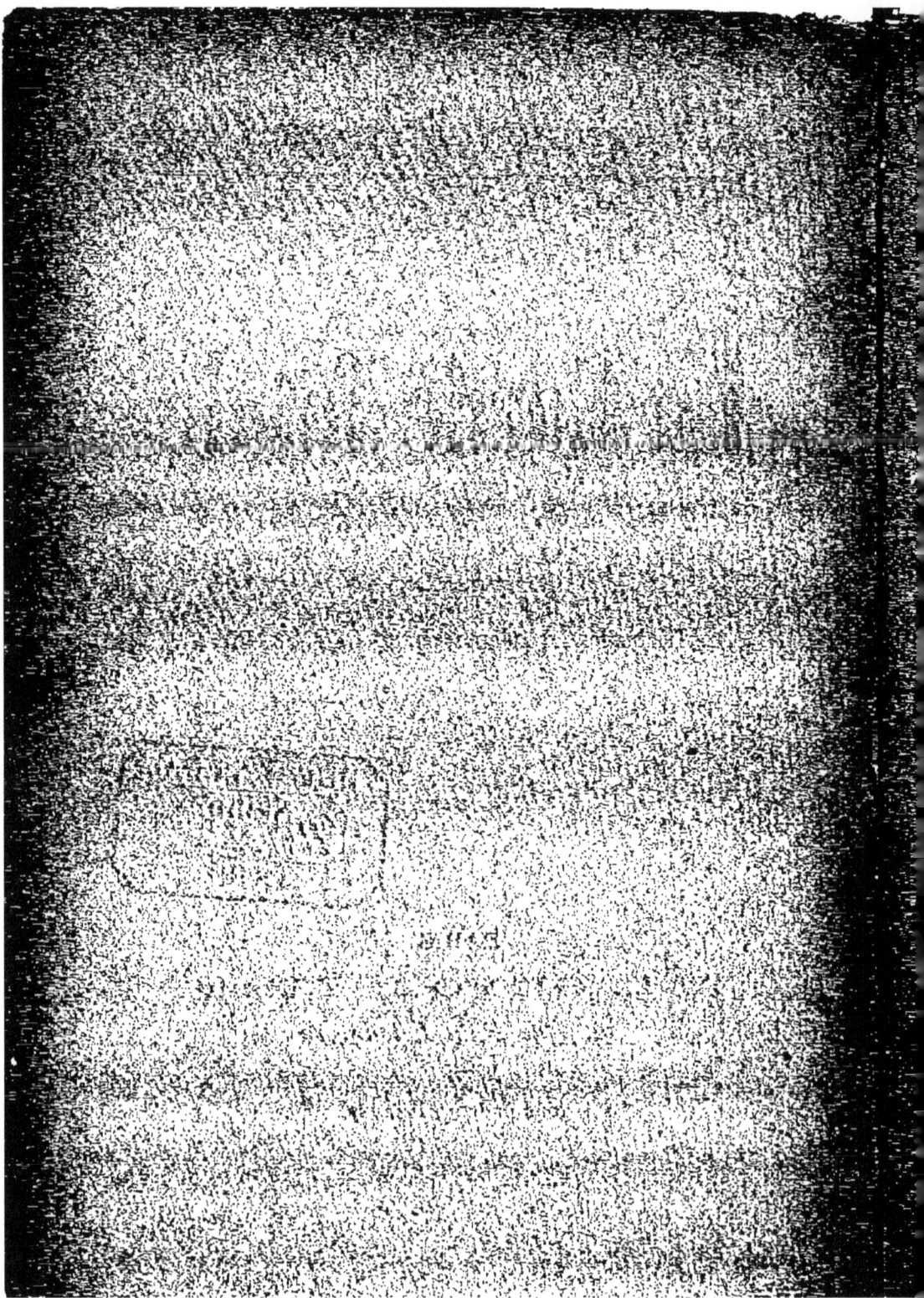

LA CORDE FATALE

I

Un bivouac

Au commencement de ce siècle, l'état d'Arkansas était habité par une population hétérogène, formée à peu près de tout ce qui avait un intérêt quelconque à fuir la justice des états environnants. On y rencontrait les plus déterminés rôdeurs des bois, sûrs de l'impunité dans ces forêts vierges ; des spéculateurs de terrains et des marchands d'esclaves, auxquels l'admission dans le territoire de la

République garantissait de gros bénéfices. Planteurs, chasseurs de bêtes et chasseurs de bourses, s'abattaient là pour tenter fortune. Des Européens de toutes contrées coudoyaient des Indiens de toutes races dans les rues de la capitale Little Rock, et n'avaient d'autre trait commun que leur mépris pour les « nègres » et leur dépravation. Des fortunes immenses s'édifiaient en quelques années dans les plantations de la nouvelle province et, leur source important peu, excitaient l'émulation de tout ce qui était avide de s'enrichir et peu scrupuleux des moyens.

Au moment où commence notre récit, six jeunes chasseurs, venus d'Héléna ou des environs, avaient établi leur bivouac dans une petite clairière d'une des immenses forêts qui bordent les rives du Mississipi. Malgré le peu d'éloignement relatif de la ville, rien ne décelait dans cet endroit le voisinage de l'homme, sauf de larges entailles faites à la hache sur un côté des énormes peupliers qui entouraient la clairière, et continuées en deçà et au-delà. Ces marques indiquaient le sentier qui menait d'Héléna à un établissement situé près de la rivière Blanche.

Quoique leur équipement dénonçât au premier coup d'œil nos six héros pour de simples amateurs, le gibier qu'ils avaient abattu témoignait autant de leur habileté que de leur courage. Un ours énorme gisait sur l'herbe, en partie découpé déjà; sa peau était suspendue à une branche, et d'appétissants biftecks pétillaient devant le feu. Une douzaine de chiens vigoureux étaient étendus çà et là; quelques-uns, tout sanglants, léchaient leurs plaies; sans doute l'affaire avait été chaude. Six chevaux sellés se voyaient un peu plus loin, attachés aux arbres.

La société était fort animée. La surexcitation de la lutte et l'ivresse du succès se traduisirent d'abord en une gaîté exubérante. Le festin improvisé, arrosé de copieuses libations d'eau-de-vie, vint encore échauffer les têtes; et bientôt les cris et les rires devinrent tels, qu'on eût pu croire, à distance, qu'une tribu

entière de rôdeurs des bois avait établi son
camp dans la clairière.

Malgré la franche égalité qui semblait ré-
gner parmi les convives, un coup d'œil suffi-
sait pour juger que ces jeunes gens appartenaient à des classes bien différentes. L'aîné,
un nommé Brandon, avait vingt ans, et frap-
pait tout d'abord par son air de dandy et la
recherche de son costume. Sa veste était de
toile fine ; son panama, d'une fraîcheur irré-
prochable, et une épingle de diamant scin-
tillait dans les plis de sa cravate. C'était le
fils d'un des plus riches planteurs de coton
de la région. Ses chiens, son cheval, étaient
toujours les plus beaux et les meilleurs du
pays. A la considération que donne partout
la fortune, se joignait l'autorité qu'assurent,
dans ce genre de monde, la force physique et
la supériorité de l'âge ; de sorte que Brandon
était tacitement reconnu pour chef de la jeu-
nesse du pays.

Les deux qui paraissaient le plus se rappro-
cher de Brandon par l'âge et la situation

sociale étaient le jeune Randall, fils de certain avocat venu on ne savait trop d'où, et nouvellement promu aux fonctions de juge du district, et Spence, dont le père était clergyman dans une petite ville assez éloignée sur la rivière.

Quant aux trois autres, dont le plus jeune avait une quinzaine d'années, un premier examen ne révélait pas grand'chose en leur faveur. Visages plutôt vicieux, tournures des plus vulgaires, tels étaient les caractères —plus qu'inquiétants chez des enfants de cet âge — qui frappaient dès l'abord. Leurs familles d'ailleurs appartenaient au bas peuple, ce qui, dans cette contrée, veut beaucoup dire, Ned Slaughter était fils d'un cabaretier ; Jeff Grubbs, d'un marchand aux opérations d'ordre multiple, et enfin le dernier de tous, Bill Buck, était l'héritier présomptif d'un maquignon planteur.

Le repas terminé, on discuta sur l'emploi du reste de la journée. Il était encore trop tôt pour regagner ses pénates, et pourtant trop tard pour se remettre en chasse. Les jeunes

gens tirèrent, qui des cigares, qui son tabac
et sa pipe, et bientôt la clairière, close par
l'épaisseur du feuillage mieux que bien des
maisons, offrit l'aspect d'une vraie tabagie.

On ne peut s'attendre à voir de jeunes
chasseurs, bouillants par nature et à peu près
ivres pour la plupart, savourer les délices du
tabac avec l'indolence orientale. A peine
Brandon eut-il allumé son habannah, qu'il
chercha dans ses poches, puis demanda si quelqu'un n'aurait pas sur lui un jeu de cartes. Au
vif regret de tous, personne ne s'était muni
de ce précieux auxiliaire, et pour comble de
malchance, la ville la plus proche était trop
éloignée pour qu'on pût songer à s'en pro-
curer. Bill Buck, joueur effréné, proposa une
partie de « pile ou face ». L'élégant Brandon
et Randall rejetèrent avec un dédain bruyant
un jeu si peu « scientifique ». Chacun offrit
alors son jeu favori, sans satisfaire personne.
Enfin Brandon, qui n'ignorait aucun de ses
avantages, déclara qu'à défaut de jeux d'intelligence, les exercices de force et d'adresse

convenaient seuls à des chasseurs, et qu'il était prêt à concourir avec n'importe quel rival pour le saut en hauteur ou en longueur, la lutte, la course, ou tout ce qu'on voudrait.

Ce défi fut accueilli par des hourrah enthousiastes. Les jeunes gens s'élancèrent à l'envi, et pendant une heure tous se démenèrent comme des fous. Mais en dépit de tous leurs efforts, Alfred Brandon et Bill Buck, les deux aînés, gardèrent l'avantage.

— Maintenant, c'est aux deux vainqueurs à se mesurer l'un contre l'autre, dit Randall, quand la bande, exténuée, s'allongea sur l'herbe en puisant de nouvelles forces aux gourdes d'eau-de-vie.

— Accepté ! s'écria Brandon. Tenez, ce peuplier du Canada tend par ici une g branche qui me donne une idée. Voyons lequel de nous l'attrapera et y restera cramponné le plus longtemps.

— Tirez votre montre, Alf, cria Buck très surexcité. Je saute.

— Brandon compta les secondes, puis Buck les

compta quand l'autre fit l'épreuve à son tour. A son grand dépit, le jeune gandin fut battu.

— Ma revanche ! dit-il après avoir avalé une nouvelle rasade. A deux mains, cette fois.

Soit que Buck fût fatigué de la première épreuve, soit que son adversaire se trouvât dans ce nouvel exercice plus à son avantage, Brandon resta vainqueur.

Ce fut le tour de Buck de montrer de la mauvaise humeur. Il poussa un juron énergique et s'écria :

— Bah ! tout ça, c'est des bêtises ! Quiconque ne sait pas rester pendu par le cou, n'est qu'un âne ! Qui veut essayer de rester plus longtemps que les camarades accrochés par le cou ? Hé ?

Un tonnerre de rires accueillit cette proposition, et ce fut sous un feu roulant de quolibets que Buck, titubant d'une manière assez ostensible, regagna sa place.

Soudain le silence se rétablit comme par enchantement : Randall, qui était le plus près du sentier, venait de faire un geste brusque, invitant la compagnie à se taire, et tendait l'oreille dans la direction de la ville.

Quoiqu'ils ne fussent pas chasseurs de profession, nos jeunes gens avaient l'habitude des bois et par conséquent l'ouïe très fine. Ils distinguèrent sans peine des pas légers venant d'Héléna et se rapprochant rapidement.

— Qui peut venir d'Héléna à cette heure et à pied ? chuchota Randall. C'est un mocassin ou un pas de femme.

Sa curiosité fut bientôt satisfaite : quelques minutes s'étaient à peine écoulées, qu'un jeune homme d'environ dix-huit ans débouchait du sentier. Derrière lui marchait une jeune fille, plus jeune de deux ou trois ans, mais forte et développée comme il arrive souvent dans ces pays. Tous deux étaient pauvrement vêtus. Le garçon portait un costume de chasseur, qui tenait à la fois de l'Indien et du blanc, et ses traits accusaient également un double caractère ; tandis que son nez aquilin et ses yeux perçants révélaient une origine italienne, son teint bistré et ses cheveux épais, noirs comme l'aile

du corbeau, dénonçaient que du sang indien
coulait dans ses veines. Sa compagne était trop
différente pour être de même famille ; c'était
une fraîche fille, au teint hâlé par le grand air,
mais rose de santé, aux grands yeux brillants et
doux, et dont l'épaisse chevelure frisée tombait
en désordre sur les épaules.

Les deux enfants, un instant surpris de rencontrer un bivouac en cet endroit, continuè-
rent tranquillement leur chemin.

Bill Buck poussa une exclamation.

— Que diable ! ce grand flandrin est toujours
pendu aux jupes de la fille du vieux Rook ! Est-
elle donc assez sotte pour ignorer qu'après tout,
il n'est rien de plus qu'un nègre ?

Alfred Brandon fixait des yeux flamboyants
sur la jeune fille, depuis son apparition dans le
sentier. Il fit un brusque geste de colère.

— Pour un nègre, il ne manque pas de pré-
tention, gronda-t-il. Camarades, si nous rabat-
tions un peu la haute opinion que ce beau coq
noir a de lui-même ?

— Mais est-ce bien un nègre ? s'enquit Spence,

qui le voyait pour la première fois. Je l'aurais pris pour un blanc.

— Trois quarts blanc, le reste indien, répondit Grubbs. Sa mère était une métisse choctaw que j'ai vue souvent dans notre magasin.

— Bah! Indien ou nègre, c'est toujours un cuir de couleur, dit brutalement Buck. Ce gaillard m'agace avec ses façons de poser au galant, et je ne serai pas fâché de lui apprendre à vivre. Tous d'accord?

— Tous! tous! répondit le chœur. Mais que voulez-vous faire?

— Confiez-moi la direction de l'entreprise, dit Brandon d'un ton âpre. Je vous promets que nous allons rire. Holà! Choctaw! Où cours-tu ainsi? Nous faisons un concours de force et d'adresse : viens un peu nous montrer ce dont tu es capable.

Le jeune quarteron et sa compagne étaient arrivés en face du bivouac. Ils firent halte en entendant l'appel.

— Non, répondit le premier, je n'en ai ni l'envie, ni le temps.

Tous deux reprirent leur marche, en jetant sur le groupe de chasseurs un regard méfiant.

— Ah bah ! ricana Brandon d'un air insultant. Avoue plutôt que tu crains d'être vaincu. Tu n'as pas assez de sang blanc dans les veines pour t'empêcher d'être lâche comme un Indien.

— Lâche comme... Je vous conseille de ne pas répéter ce que vous venez de dire, master Brandon.

— Alors, fais l'épreuve. On dit que tu es fier de la force de tes bras. Je parie que moi, et n'importe lequel d'entre nous, nous resterons suspendus par le bras à cette branche plus longtemps que toi.

— Et quel est votre enjeu ?

— Mon fusil contre le tien, c'est-à-dire deux contre un, si l'on considère la valeur des deux armes.

— Vous faites erreur, et je préfère mon fusil, malgré tous les ornements d'argent dont le vôtre est couvert. Mais j'accepte le défi et l'enjeu que vous proposez.

— Suffit !... Camarades, je commence ; sur-
veillez. Vous, Slaughter, comptez les minutes ;
voici ma montre.

Un colloque à voix basse s'engagea, entre le
quarteron et la jeune fille ; elle semblait désap-
prouver son compagnon et ne répondait que
par des signes de dénégation à toutes ses paroles.

Pendant ce temps, Brandon expliquait son
plan, également à voix basse, et les éclats de
rire de ses compagnons devenaient de plus en
plus bruyants. Sans doute, ce plan promettait
un amusement rare. Cette gaîté croissante
parut inquiéter encore plus la jeune fille, car
elle prononça quelques mots en désignant
d'un rapide coup d'œil la bande joyeuse. Enfin
elle reprit à grands pas le chemin par lequel
elle était venue et disparut.

— Ouf ! fit Buck. Je craignais que Léna ne
s'intéressât aux prouesses de son beau Choctaw et ne restât pour gâter tout.

— Bah ! répondit Brandon. Pourtant, j'ai vu
à son regard qu'elle n'est pas sans inquiétude.

La cabane de son père n'est pas loin. Pourvu que... Dépêchons-nous, il serait trop dommage de perdre une pareille farce.

Le quarteron s'étant approché, tout le monde se tut

il

L'épreuve

— Je suis prêt, dit le jeune homme.

— Nous aussi, répliqua Slaughter. Brandon, comment procédons-nous ? A une main ou à deux ?

— A une main, bien sûr. Et pour garantir qu'il n'y aura d'employé que la force musculaire, sans ruse ni adresse, je propose que la main libre des concurrents soit attachée.

— Je n'y vois rien à objecter, dirent les chasseurs. Et vous, Choc ?

— Moi non plus, si les liens sont absolument semblables pour tous.

— Bon, dit Buck. Passons aux préparatifs.

On lia solidement la main gauche de chaque compétiteur contre sa jambe ; ce fut l'affaire de quelques instants.

— Qui commence ? le provocateur ou le provoqué ? demanda Slaughter.

— Que le provoqué choisisse, dit Randall. Que préfères-tu, Choc ?

— Cela m'est indifférent, répondit le jeune homme.

— Eh bien, moi, alors, dit Brandon.

Il sauta, saisit la branche, et Slaughter, à trois pas de là, montre en main, se mit gravement à compter les minutes. Au bout de trois minutes, Brandon se laissa tomber en déclarant qu'il n'en pouvait plus.

Un éclair de joie passa dans les yeux du quarteron, joie un peu méprisante, car la victoire et le prix allaient lui revenir à bon compte. A son tour, il sauta et s'accrocha à la branche.

Une à une, Slaughter compta cinq minutes à haute voix. Le jeune homme ne parut pas disposé à lâcher prise.

— Combien de temps peux-tu tenir encore, Choc ? demanda Buck avec une intonation bizarre. Tu es à bout, hein ?

— A bout ! s'écria dédaigneusement le quarteron. Je pourrais tenir trois fois plus longtemps, s'il était nécessaire. Mais je pense qu'à présent vous vous avouez vaincus.

— Cent dollars que tu ne tiendras pas cinq minutes de plus ! s'écria Brandon.

— J'accepte le défi.

— Puisque tu as en toi une si belle confiance, je vais te parler franchement ; tiens bon, car si tu perds, tu seras pendu.

— Que voulez-vous dire ? Que faites-vous donc derrière moi ? s'écria le jeune chasseur.

— Oh ! presque rien ! nous prenons quelques précautions pour que tu ne te blesses pas en tombant, répliqua sardoniquement Brandon.

Un tonnerre d'applaudissements et de rires suivit ces paroles.

Pierre sentit instinctivement que quelque projet sinistre se machinait contre lui. Il eut alors — trop tard, hélas — l'idée de regarder au-dessus de sa tête : une corde pendait d'une branche supérieure, et le nœud coulant qui la terminait était passé à son cou. Le piège avait été posé avec tant d'adresse, qu'il ne s'était aperçu de rien.

— Comptez les minutes, Slaughter, continua Brandon. Encore cinq. S'il veut tomber dans l'intervalle, que personne ne le contrarie ! Il n'importe que de savoir exactement combien de temps il vivra pendu par le cou.

Un autre éclat de rire ébranla la clairière, et encore une fois les spectateurs applaudirent frénétiquement.

Le jeune chasseur était devenu blême ; mais les éclairs que lançaient ses yeux noirs ne trahissaient que la colère.

— Lâches ! cria-t-il, frémissant. Lâches, tous tant que vous êtes ! Si j'étais libre et armé, pas un n'oserait se jouer de moi un seul instant.

— Eh bien, descends et venge ton injure, riposta Brandon en se mettant en posture de combat. Tu n'as qu'à ouvrir la main pour tomber sur le lâche insulteur...

— Bravo ! Mais vous voyez bien qu'il attend le retour de la belle Léna ; il veut qu'elle soit témoin de ses prouesses, ricana Buck.

Le quarteron poussa un rugissement de fureur.

— Avec ou sans gloire, reprit Brandon, elle ne pourrait que l'admirer. Voyez si cette posture ne le fait pas paraître dans tous ses avantages physiques ! Le beau garçon ! Quel cœur lui résisterait !

— Alfred Brandon, dit le jeune homme d'une voix entrecoupée, si vous tenez à la vie, tâchez que je ne sorte pas vivant de cette rencontre : cela vous coûterait cher.

— Quel mauvais caractère a ce nègre ! s'écria Buck. On lui donne l'occasion de montrer sa force, sa grâce, de se couvrir de gloire, de triompher de blancs... et voilà comment...

Un grondement des chiens l'interrompit, et presque aussitôt, la meute se lança en aboyant dans le taillis. Un autre grognement bien différent leur répondit : un gros ours débouchait d'un fourré de roseaux.

— Hurrah ! cria toute la bande. A l'ours ! à l'ours !

En un clin d'œil, tous furent en selle, fusil

en main, et s'élancèrent sur les traces de la
bête, qui détalait de toute sa vitesse, serrée de
près par les chiens. Moins de vingt secondes
après, il ne restait dans la clairière que le jeune
chasseur suspendu par une main, le nœud coulant au cou.

III

Deux vieux copains

Assis dans sa cahute, le vieux Jerry Rook regardait attentivement quelques nodules jaunes et brillantes que son compagnon, assis de l'autre côté de la table de bois, venait de tirer d'un petit sac de peau pendant sur sa poitrine.

— Et c'est en Californie que ceci a été trouvé ? dit-il avec une certaine méfiance.

— Parfaitement.

Le vieux chasseur en mit deux ou trois dans sa bouche, et les roula sur sa langue, d'un air méditatif. Peu à peu l'expression rusée et méfiante de son visage se changea en un étonnement joyeux.

— C'est bien de l'or, dit-il lentement en re-

mettant les nodules avec les autres. Vous ne
vous êtes pas trompé, Dick. Et alors, vous
dites que ces noisettes sont semées sur le sol?

— Peu s'en faut, car on les tire du sable des
rivières, qu'on lave et qu'on crible. Il y a aussi
des masses d'or en poudre. Je connais un
gaillard qui en a rapporté plein un sac et l'a
échangé à la Nouvelle-Orléans pour cinq
mille dollars. Il avait travaillé trois mois.

— Mazette ! cela vaut le voyage. Et cela vaut
surtout mieux que la chasse dans ce pays-ci.
Plus d'ours, plus de daims : tout le monde leur
fait la chasse ; tous les fils de planteurs, avec
leurs satanées trompes et leurs chiens les détruisent ou les mettent en fuite. Le métier est
perdu pour nous autres. Et il est certain que
je partirais avec vous pour la Californie si je
n'étais retenu ici...

Le vieux chasseur s'arrêta court. Son interlocuteur le regarda, un peu étonné, ce qui l'em-
barrassa visiblement.

— Bah ! je peux bien vous le dire, reprit
Rook presque aussitôt. Il y a qu'un planteur

d'ici me paraît avoir des intentions sur Léna, et comme ce sera le plus riche du pays à la mort de son père, vous comprenez que... le bonheur de ma fille...

— Oh ! vous avez des projets pour l'établissement de votre fille ?...

— Vous voyez qu'il faut que je reste ici, et, puisque nous sommes sur ce chapitre, je vous dirai que je ne pourrai plus guère garder votre garçon chez moi, car ces jeunes gens ne le voient pas d'un très bon œil... Sa mère, vous comprenez...

— Le diable les emporte ! Il a bien un père aussi, et de sang au moins aussi bon que le leur.

— Sans doute, sans doute. Mais ils ne connaissent pas son père, vous savez bien pourquoi, Dick Tarleton...

— Silence, au nom du ciel, Jerry ! C'est déjà trop que vous connaissiez mon secret, car ma tête est à votre merci.

— Votre confiance est bien placée. Vous savez que jamais votre garçon n'a entendu un

seul mot de ces histoires, pendant les six ans,
qu'il a passés dans mon habitation. Je l'ai
soigné et éduqué comme s'il avait été un blanc
pur sang, et mon fils. Vous ne trouverez pas
son pareil pour vous loger une balle au but,
ou vous terrasser un adversaire, et il est assez
joli garçon pour compter sur tous les succès.

Les yeux du père brillèrent de plaisir en
entendant cet éloge. Puis son expression s'as-
sombrit et il poussa un soupir.

— C'est le portrait vivant de ma pauvre Mary
Robideau, dit-il. Pourquoi faut-il qu'elle soit
morte si jeune !... Et Pierre, quand va-t-il
rentrer ?

— Il devrait être de retour. Il est allé avec
ma fille faire quelques commissions à Héléna. Je ne comprends pas ce qui a pu les
retarder à ce point.

— Quelqu'un vient, dit Tarleton ; le chien
grogne. Vite, où puis-je me cacher ?...

— Dans la chambre... Mais ne bougez pas, le
chien a l'air de connaître ceux qui s'avancent.
Ce sont les enfants.

Des pas légers et précipités se distinguèrent sur le chemin, approchant très rapidement, et un instant après, Léna entra hors d'haleine.

— Père ! s'écria-t-elle, en se délivrant des caresses tumultueuses du gros chien, va vite voir ce qui se passe à la clairière...

Dick Tarleton poussa une exclamation.

— Ah ! je vous reconnais, poursuivit Léna. Vous êtes le père de Pierre. Alors courez aussi. Je suis sûre qu'ils vont lui jouer un mauvais tour... Pierre n'a pas voulu m'écouter...

— Qui ? et combien sont-ils ?

— Alf Brandon, et Bill Buck, qui l'ont provoqué et insulté, et puis Randall, le fils du juge, et encore Grubbs, et Slaughter, et un autre que je n'avais jamais vu... Tous riaient très haut et sentaient l'eau-de-vie...

— Belle bande de vauriens en tous cas. Et que faisaient-ils là ?

— Ils avaient leurs chevaux et leurs chiens ; ils venaient de tuer un ours.

— Pardieu ! alors c'est eux que j'ai entendus passer ce matin avec tant de vacarme. Le plai-

sir des riches est d'enlever le pain du pauvre
monde. Et pourquoi ont-ils insulté Pierre ?

— Ils lui ont prétendu qu'il était trop Indien
pour avoir le courage de lutter contre des
blancs. Ils concouraient à qui resterait suspendu
le plus longtemps par un bras. Brandon a parié
son fusil, qu'il tiendrait plus longtemps que
Pierre ; alors Pierre a accepté le défi et a voulu
que je parte : il disait que les autres étaient
ivres et pourraient me faire du mal. Comme
c'est pour lui surtout que je craignais, j'ai
couru pour t'avertir.

— Mon fils est de taille à se défendre, dit
Tarleton avec calme.

— Oui, mais c'est un imbécile d'être resté là,
car le voilà seul contre six gaillards qui ne re-
culent pas devant grand'chose. Et Brandon,
comme Buck, lui en veut pour des raisons
que je connais parfaitement. Ne faites pas
de bruit, que j'écoute si...

Jerry Rook fit deux pas hors de la cabane et
tendit l'oreille.

— J'entends les chiens, dit-il. Bon ! voilà un

grognement... Dieu me damne, s'ils ne sont pas après un ours... Cela s'éloigne... Je ne pense pas que Pierre les ait suivis, car il n'a pas de cheval. Alors il ne va pas tarder...

Dick Tarleton était venu se poster à côté de lui et écoutait aussi attentivement.

— Qu'est ceci? dit-il vivement. Avez-vous entendu, Rook?

— Parbleu, c'est un cri...

— C'est la voix de Pierre! s'écria Léna toute tremblante. Ils lui ont fait quelque chose...

— Restez ici tous deux, commanda brièvement Rook en empoignant son fusil. Non, Tarleton, restez ici, vous dis-je... Si on vous reconnaît, vous n'en aurez plus pour une heure, vous le savez bien. Et toi...

— Je vais avec toi! s'écria impétueusement Léna. Hâtons-nous!... Mon Dieu! encore un appel!... Courons, ou nous arriverons trop tard.

La jeune fille s'élança dans le sentier, et son père la suivit à longues enjambées traînantes, qui équivalaient à la plus rapide allure.

Dick fit quelques pas, puis s'arrêta, indécis, et les regarda s'éloigner. Enfin, avec un soupir, il rentra dans la cabane et s'assit devant la table où, l'esprit absent, il se mit à manier machinalement les petits morceaux d'or dont l'examen avait été si brusquement interrompu.

Le père et la fille arrivèrent bientôt en vue de la clairière. Tout était plongé dans le plus profond silence. Même le bruit de la chasse s'était éteint dans l'éloignement.

— Je n'aperçois rien qu'une peau de bête accrochée à un arbre, grommela Rook. Que diantre était donc ce cri ?...

— Viens ! dit Léna frémissante, je suis sûre que c'était la voix de Pierre et qu'elle venait d'ici... Oh ! père ! c'est lui ! le voilà pendu à cette branche !... Cours ! cours !...

En face de la peau d'ours, un corps rigide se balançait au bout d'une corde. La hauteur des roseaux qui bordaient le sentier avait empêché jusque-là le vieux chasseur de l'apercevoir.

— Damnation ! cria Rook en se précipitant vers sa fille, qui avait saisi le corps à deux bras et le soulevait. Tiens bon, que je coupe la corde...

Avec une promptitude et une agilité, qu'on n'eût guère soupçonnées en lui, le vieillard tira son couteau, fit un bond et trancha le lien. Le corps s'abattit lourdement sur la jeune fille, qui plia sous le faix et tomba avec lui. Mais en un clin d'œil elle se trouva agenouillée à côté de son compagnon, arracha le nœud coulant, et essaya par des frictions douces de rétablir la circulation sur le cou tuméfié du malheureux enfant.

Pendant ce temps, Jerry appuyait l'oreille sur sa poitrine.

— S'il vit encore, il n'en a pas beaucoup l'apparence, grommela-t-il entre ses dents. Satanés gredins !... Qui sait dans quel but... Léna, il nous faut de l'eau-de-vie pour le frictionner. Cours, prends la cruche de grès et reviens avec Dick au-devant de moi. Je n'aurais plus la force de porter seul ce gaillard-là jusqu'à la maison. Sois leste !...

La jeune fille n'avait pas besoin de stimulant.

L'espoir de sauver son cher camarade d'enfance étouffait ses larmes et lui donnait des ailes. Elle s'élança de nouveau comme une biche sur le sentier qui menait à l'habitation et revint bientôt avec les secours nécessaires.

IV

Une situation critique

Tandis que les vautours, restés seuls, se disputaient les débris de l'ours, les chasseurs faisaient halte à quelques kilomètres de là, autour d'une nouvelle victime qu'ils venaient d'achever. Cette affaire avait été plus chaude encore que la première ; plusieurs chiens gisaient aux alentours, morts ou agonisants ; et l'ardeur de la poursuite, l'excitation de la lutte, avaient si bien accaparé l'esprit des jeunes gens, que nulle autre pensée n'avait jusque-là trouvé place en leur cerveau. Mais la vue de la seconde proie abattue ramena les idées sur leur première, puis sur ce qui s'était passé au campement.

— Mon Dieu ! s'écria Randall. Et l'Indien que ous avons laissé là-bas !...

Tous les six se redressèrent, consternés, pâles d'épouvante.

— S'il a lâché prise... murmura Spence.

— Parbleu ! vous le demandez ! s'écria Brandon. Voilà une demi-heure que nous sommes partis.

— Il est mort à présent, voilà ce qui est certain, car nulle force humaine ne suffirait pour garder tout ce temps cette position.

— Mais êtes-vous sûr que le nœud coulant était bien à son cou ? C'est vous, Brandon et Buck, qui avez organisé la chose.

— Le diable vous emporte ! nous le savons de reste, inutile de nous en rebattre les oreilles, gronda Buck. D'ailleurs, si nous avons fait, vous avez laissé faire : cela se vaut.

— Je crois que les responsabilités sont égales, dit Brandon. Mais ce n'est pas de cela qu'il s'agit pour l'instant. Je sais que la corde a été préparée de façon à ne pas donner d'illusions à l'Indien, c'est-à-dire aussi bien que si toute l'histoire eût été sérieuse. Donc, s'il a lâché prise, il est mort.

— Et il a lâché, j'en parierais ma tête...

— Mais, reprit Brandon, qui pouvait deviner qu'un ours tomberait ainsi à l'improviste au milieu de notre bivouac et que sa poursuite nous entraînerait si loin ?...

Il y eut un moment de silence lugubre.

— Nous voilà dans de beaux draps, reprit enfin Grubbs. Comment nous sortir de là ?

— Damné Indien ? Quel besoin avait-il de venir nous déranger, quand nous songions si peu à lui ? gronda Buck.

— Le fait est que voilà une peau noire qui nous coûtera plus cher que sa valeur...

— Pardon : si la chose s'ébruite, insinua Randall. Ecoutez, j'entends trop parler chez nous de loi et de chicane pour ne pas m'y entendre un peu à la fin. Retournons à la clairière....

— Espérez-vous le trouver encore vivant ?

— Je compte bien sur le contraire, car c'est notre seul salut : il n'y a que les morts, et surtout les enterrés, qui ne trahissent pas.

— Vous avez raison, dit Brandon. Même si

nous pouvions par impossible le rappeler à la
vie, nous aurions de graves embarras, car il est
vindicatif... ou il l'était, du moins, comme tout
bon Indien...

— Parfaitement. Je propose donc que nous
retournions là-bas avant que quelque passant
ne s'avise de la présence de ce pendu...

— Mais, s'écria Grubbs, on pourrait faire
croire à un suicide !

— Et sa main gauche qui est attachée... Comment expliquerez-vous cette circonstance ?
Non, l'hypothèse du suicide ne vaut rien, car,
même si nous détachons sa main, il reste contre
nous le témoignage de Léna Rook. Et elle ne
nous ménagera pas, ni le vieux non plus,
comptez là-dessus.

— Je sais qu'elle en voudra surtout à Brandon, hasarda Spence.

— Bah ! dit Randall. Ayons au moins le
courage de nos opinions. Je déclare, quant
à moi, que nous voguons tous sur la même
galère, et que ceux qui sont restés spectateurs et ont applaudi dans cette affaire sont

tout aussi coupables que les acteurs directs.

Cette courageuse assertion ne reçut pas, il faut le dire, un bien chaleureux accueil. Mais aucun n'osa s'y opposer ouvertement, dans la crainte d'être traité de lâche par ses camarades. Leur idée de derrière la tête n'échappa pas à Brandon, car il eut un petit sourire de mépris, et il donna à Randall une vigoureuse poignée de main.

— Nous sommes également coupables, et tous solidaires les uns des autres, reprit Randall. Lions-nous donc par un serment.

— Bien. Formulez-le, Randall, nous le répéterons après vous.

— Mettons-nous en cercle.

Le cercle se forma, les têtes des chevaux au centre et se touchant presque. Alors Randall prononça lentement :

— Nous jurons de ne jamais faire connaître par action, par parole, ou par écrit, de quelle manière a péri le quarteron surnommé Choc. Nous jurons de taire toutes les circonstances attachées à cette affaire, même si nous sommes appelés en justice à cause d'elle.

— Nous le jurons! répétèrent les autres en
levant la main.

— A présent, le plus pressé est de faire disparaître le cadavre. En route pour la clairière.

La bande se mit en marche le plus silencieusement possible. Tous avaient l'oreille basse.
Non que leur conscience fût bourrelée de re-
mords. Ils n'eussent certes pas, la plupart du
moins, commis ce meurtre de propos délibéré.
Mais la peur de la justice était leur sentiment
dominant, sans parler de la crainte des représailles dont le vieux Rook ne leur ferait pas
grâce ; celles-ci seraient sûrement pires que la
sévérité d'un tribunal jugeant le meurtre d'un
homme de couleur. Brandon redoutait surtout
le scandale, mais ne maudissait pas trop un
accident qui le débarrassait d'un rival dangereux. Les autres, moins riches et moins in-
fluents, sentaient qu'ils porteraient toute la
peine et que l'affaire était mauvaise pour eux
surtout. C'est dans ces dispositions d'esprit
qu'ils firent halte instinctivement à une petite

distance du fatal endroit : nul ne se souciait plus d'avancer.

— Je crois qu'il serait imprudent d'aller là-bas tous ensemble, dit le fils du cabaretier.

— C'est vrai, appuya Spence, nous ne savons pas ce qui s'est passé depuis notre départ. Il sera bon qu'un ou deux de nous partent en éclaireurs.

— Lesquels ? hasarda Grubbs en regardant Brandon et Buck d'un air sournois.

Tous les yeux s'étaient fixés sur les deux promoteurs de la « bonne farce », et disaient clairement la pensée générale.

Sous peine de paraître poltron, il fallait s'exécuter.

— Allons, Buck, dit enfin Brandon en prenant son parti. C'est nous qui avons versé le vin, c'est à nous de le boire.

Buck grommela quelque chose d'inintelligible, puis fit un geste qui signifiait : « je m'en fiche ! » et il mit pied à terre.

— Gardez nos chevaux, vous autres, dit-il, que nous puissions nous éloigner sans être vus.

si des gens complaisants nous ont devancés dans notre besogne.

Un instant après, les deux jeunes gens s'avançaient à pas de loup, comme deux malfaiteurs en chasse, vers la trop fameuse clairière. Ils furent bientôt assez près pour distinguer tout ce qui s'y trouvait. Le silence régnait aux alentours, rien ne bougeait, sauf la bande de vautours abattue sur la carcasse de l'ours Ils avancèrent encore, virent la peau, toujours accrochée à la même place. Mais de pendu, point : la branche du peuplier ne portait plus qu'un bout de corde qu'un vent léger faisait vaciller doucement.

Quand ils furent sûrs qu'il n'y avait là personne, les deux jeunes gens sortirent du couvert et s'avancèrent jusque sous la branche.

— Elle a été coupée avec un couteau bien affilé, dit Brandon qui examinait la corde. Voilà qui n'est pas rassurant.

— Diable l'emporte ! Qui a pu se mêler de cela !... Si c'est Jerry Rook...

— Lui ou un autre, c'est tout comme. Et

qu'on l'ait décroché à temps ou non, c'est
encore pareil pour nous, car Léna Rook racon-
tera que nous l'avons appelé et provoqué, et
on aura vite rétabli les faits...

— Oui, mais s'il n'y a en jeu que la vieille
canaille de Rook, nous pourrons toujous nous
tirer de là avec de l'argent, c'est moi qui vous
le dis.

— C'est vrai ; un coquin est toujours à
vendre.

— Voilà une grande vérité, master Brandon,
dit tout à coup le vieux chasseur, en sortant
du fourré de roseaux. Que de sagesse et d'expérience chez un aussi jeune homme ! Le vieux
Jerry Rook s'incline devant vous et vous tire
son chapeau. Oui, l'argent achète tout, et la
vieille canaille que voici n'a qu'un désir :
trouver un acquéreur. Votre prix, s'il vous
plaît ?

Le spectre de leur victime surgissant tout à
coup n'eût pas glacé davantage les deux coupables. Tremblants, malgré des efforts surhu-
mains pour paraître calmes, ils fixèrent sur

Rook des yeux effarés et furent incapables de proférer une parole.

— Ce n'est que moi, messieurs, ne vous émotionnez pas ainsi, continua le vieux, jouissant intérieurement de cette frayeur mortelle. Nous sommes complètement d'accord. Je sais ce qui c'est passé ; à preuve, voilà ce que j'ai pris au cou du cadavre de Pierre Robideau. Vous n'ignorez pas que la corde de pendu porte bonheur. Votre conversation a achevé d'éclairer ce qui m'était resté obscur. Merci pour cette aimable attention...

— Trève de railleries ! dit Brandon, qui recouvrait enfin un peu de sang-froid. Ne faites pas de suppositions sur ce que vous ignorez.

— Ah bah ! Ces messieurs voudraient-ils prendre la peine de me suivre dans ma cabane ? Je leur montrerais quelqu'un étendu sur mon lit...

— C'est un accident. Nous n'avions pas l'intention de le tuer.

— Intention ou non, il est mort de votre main. Vous, master Buck, et vous, master

Brandon, avez pendu Pierre par le cou jusqu'à ce que mort s'ensuive, ni plus, ni moins que des juges opérant sur un criminel. Vous connaissez la loi de Lynch : la cravate de chanvre que voici ne tardera pas à vous orner vous-mêmes, aussi vrai que je suis Jerry Rook. A moins que...

— C'est bon, nous sommes en votre pouvoir, usez-en, dit nerveusement Brandon, incapable de détacher son regard de cette corde maudite, que le vieux renard faisait malicieusement tournoyer autour de sa main. Vos conditions ?

— Hé, hé ! je suis bien aise de voir combien vous regrettez d'avoir assassiné ce pauvre enfant... Dix-huit ans, messieurs... c'est bien tôt pour mourir !... Et un si bon chasseur !...

— Il est mort, c'est un malheur, et tout ce que vous en direz ne le ressuscitera pas, interrompit Buck avec rage. Terminons !

— C'est ce que je fais, master Buck. Je disais donc que Pierre Robideau était un excellent chasseur. Bonne affaire pour un pauvre vieux

comme moi, par le temps qui court ! Car vous
autres, gens riches et jeunes, vous poursuivez,
vous tuez le gibier qui nous fait vivre. Vos
grandes chasses bruyantes effrayent et éloignent
les bêtes, plus encore qu'elles ne les détruisent.
Je vois donc venir le jour où le pauvre Jerry
Rook n'aura plus la force de courir assez loin
pour atteindre des daims ou des ours, et mourra
de faim dans sa maison. Pierre était devenu
son bras droit...

— Sacrebleu ! en finirez-vous, vieille canaille !
vociféra Buck.

— Pas de gros mots, jeune homme, ils ne
pourraient que gâter encore plus votre situation, si c'est possible. Je vous explique, simplement. Mais vous étiez six à faire ce beau
coup. Où sont les autres ?

— Là, tout près.

— Allez les chercher. Ils sont intéressés
autant que vous dans cette affaire, et je veux
traiter directement.

— C'est juste. Appelez-les, Bill.

Quelques instants après, les jeunes gens entrèrent de nouveau dans la clairière. Chemin faisant, Buck les avait informés de l'intervention de Rook, et des conditions qu'il posait. Ils s'arrêtèrent à quelques pas et attendirent, inquiets et mornes, les propositions du vieux chasseur.

— Six! dit ce dernier comme se parlant à lui-même. Tous fils d'hommes riches. Vous pouvez sans peine me donner chacun cent dollars par an jusqu'à la fin de mes jours, puisque vous m'avez privé de l'appui de ma vieillesse. Six cents dollars par an à vous six, pour ce qui me reste de temps à vivre, c'est peu, j'en conviens. Mais je compte que Pierre, celui que vous avez étranglé avec la corde que voici, n'était pas un blanc pur-sang, et n'était pas mon parent. Il faut être juste. Cette pension me sera, bien entendu, payée d'avance chaque année. Acceptez-vous ces termes?

— J'accepte, dit Brandon.

— Moi aussi, répétèrent les autres avec empressement.

— Marché conclu, alors, reprit Rook d'un

ton ferme. Comptez sur mon silence absolu
et sur celui de ma fille. Mais si un seul de
vous fait la moindre difficulté pour le paie-
ment, ou s'il se met seulement en retard, je
vous jure que....

— Ne jurez rien, interrompit Brandon. Je
réponds pour tous, et paierai pour celui ou
ceux qui, pour une raison quelconque, vien-
draient à vous manquer de parole.

— C'est entendu : vous répondez pour tous.
Moi je réponds que vous ne serez pas inquiétés.
A propos, vous ne ferez rien de cette peau
d'ours, je suppose, car elle vous rappellerait
trop la mort de ce pauvre Pierre qui a agonisé
devant elle. Pour vous délivrer d'un souvenir
si pénible, je consens à m'en charger. A moins
que...

— Quant à moi, je vous l'abandonne aussi
volontiers que celle qui est restée là-bas, dit
Brandon en remontant à cheval.

— Prenez ! prenez ! dirent les autres, pressés
de quitter ce lieu néfaste.

Toute la bande s'éloigna au galop. Resté

seul, Rook se mit à ricaner silencieusement,
tout en décrochant et roulant la peau d'ours.
Pour l'emporter, il l'attacha avec ce même
morceau de corde dont la vue avait tant im-
pressionné les bourreaux de Pierre, et il char-
gea le lourd paquet sur son épaule en mar-
mottant.

— A Dick Tarleton, maintenant. Si j'arrange
aussi bien cette affaire-là, ce jour aura été le
plus beau de ma vie. Qui sait où je pourrai
trouver Brandon ?...

V

Rook arrange ses affaires

En entendant Jerry rentrer dans la cabane, Dick quitta la chambre où son fils, étendu sur un lit de peau d'ours, commençait à respirer faiblement.

— Il s'en tirera, dit-il, répondant à une interrogation muette du chasseur. Mais n'est-ce pas une fatalité ? Après que le père a frôlé la potence à cause des trois vieux : Brandon, Buck et Randall, voilà le fils pendu par les dignes rejetons de ces trois coquins !

— Chut ! fit Jerry en se débarrassant de son fardeau. On entend tout à travers la cloison ; mon château n'est pas en pierres de taille.

— Mon fils est assoupi, et Lena est occupée dehors. Vous êtes resté bien longtemps, Rook. A moins que le temps ne m'ait semblé long, tant que j'ai guetté un signe de vie chez mon pauvre enfant.

— Non, je suis resté là-bas pour dépouiller un ours. Deux belles fourrures, par ma foi. Ç'aurait été dommage de les laisser perdre.

— Il y a trois peaux pour lesquelles j'en donnerais beaucoup de ce genre ! gronda Dick. Et je ne partirai pas d'ici sans avoir tiré une vengeance terrible.

— Oui dà ! en récompense de l'hospitalité que je vous ai donnée, vous voulez achever de me compromettre ? Déjà, grâce à vous, je suis devenu suspect, il y a dix ans. Puis, dans le pays même de vos ennemis, mon amitié pour vous m'a fait accueillir votre fils... le fils d'un condamné à mort... puis ce condamné lui-même tombe chez moi ce matin.

— Ne parlez pas ainsi, Rook : vous savez aussi bien que moi que ce sont les trois canailles qui ont assassiné cette fille...

— Je le crois, mais c'est votre pistolet et non
un des leurs qu'on a ramassé à côté du corps.

— Ils m'ont enivré pour me le voler et
détourner d'eux les soupçons, tout en se ven-
geant de ce que Sarah me préférait.

— Admettons encore : s'ils ne l'ont pas fait,
ils en sont capables. Mais votre évasion, sous
la potence même, en cassant la tête à un
gardien...

— Quand je sentais mes liens à peine serrés,
fallait-il rester là et me laisser pendre ? D'où
vous viennent tous ces scrupules bizarres ? Ils
ne datent pas de loin, en tous cas.

— Voyons, Tarleton, asseyez-vous là, et causons. Vous avez bien dit : des scrupules me
sont venus, ou plutôt de sages réflexions, tandis
que je préparais la fourrure de cet ours.
Comme c'est un cadeau, un souvenir de ces
aimables jeunes sacripants, j'ai pensé beaucoup
à eux, et à moi, ce qui n'est pas défendu.
Ecoutez donc. Les trois vieux vous en veulent
encore de leur avoir gagné tant d'argent
aux cartes ou aux dés, quand vous aviez

la peur d'une dénonciation les empêchera de
venir ici pour assister à son enterrement, ou seulement s'assurer du fait. Cette même peur fera
éviter les environs pour quelque temps. Je
vais donc garder Pierre ici jusqu'à ce qu'il soit
rétabli, ce qui ne saurait durer trop. Pour vous,
profitez de ce que la voie est libre. Si par hasard
on se ravisait et on découvrait Pierre, le mal ne
serait pas irréparable. Mais vous...

— C'est juste : je n'échapperai pas deux fois
au tribunal de Randall. Vous êtes donc d'avis
que je parte cette nuit ?

— Non, mais à l'instant même, car je suis
sûr qu'aujourd'hui vous ne ferez pas de mauvaise rencontre par ici ; et vous avez un bon
bout de chemin à travers bois pour être tout à
fait hors de danger. Tandis que demain, peut-
être... Mangeons, puisque Léna a servi le souper, et partons sans retard.

Les deux hommes firent honneur à l'énorme
morceau de venaison froide posé sur le bout
de la table. Pendant quelques instants, ils man-
gèrent en silence, sans se regarder. Le mouve-

ment que fit Jerry en versant à boire, tira subitement son camarade de sa rêverie.

— Il y a quelque chose que je ne comprends pas très bien, Rook, dit-il en fixant ses yeux droit dans les yeux de son interlocuteur. Vous dites que la peur d'une dénonciation va empêcher ces assassins de venir ici. Je ne saisis pas le rapport. Comment sont-ils préservés par cette abstention ?

Cette question amena un imperceptible froncement de sourcils chez Jerry : elle le prenait à l'improviste, malgré sa ruse de vieux renard. Mais cette hésitation ne fut pas longue.

— Parbleu ! ne vous ai-je pas dit qu'ils ne se souciaient pas de venir pleurer sur sa tombe ? J'ai annoncé que j'aimais trop ce garçon pour me séparer de son corps, et que j'allais creuser la fosse devant le gros peuplier qui abrite ma maison.

— Bon. Mais cela ne veut pas dire que...

— Oh ! vous devenez d'une méfiance offensante, ami. Que croyez-vous donc ?

— S'ils ont acheté votre silence...

— Si c'était vrai, vous seriez encore plus sûr de n'être pas inquiété.

— A moins qu'ils n'aient acheté en même temps le secret de mon séjour ici. Vous êtes rusé, Rook, et de plus, quoique vous vous soyez montré parfois mon ami, je sais que l'or a sur vous plus d'influence que tout au monde.

— Quittez ces idées folles ; le danger où vous avez vu votre garçon vous a troublé la cervelle, c'est pourquoi je ne songe même pas à me défendre de soupçons qui sont autant d'injures. Et pour vous prouver mes bonnes intentions sur toute la ligne, je vous accompagnerai jusqu'au lac, crainte d'accident. Après, vous pourrez vous tirer d'affaire tout seul.

Le repas était fini ; les deux hommes se levèrent.

— Je suis obligé de vous croire, dit lentement Tarleton. Je suis à votre discrétion, et j'espère que vous n'êtes pas un traître. Mais mon fils ! Jerry, je vous en prie, veillez à ce qu'il ne lui arrive rien en mon absence.

— Soyez donc tranquille, que diable ! J'ai su

l'élever, Dieu merci, et si je n'en ai pas fait un
beau gentleman comme vous, aimant les livres
et les beaux discours, ce n'est pas ma faute
Dans les bois, on ne forme que des chasseurs.

— Et des caractères aussi, j'espère. Si j'avais
eu du caractère, et ne m'étais pas laissé entraîner par tous les vauriens, qui ne me flattaient
qu'à cause de mon rang et de ma fortune, je
ne serais pas ici.

— Allons ! allons ! les regrets sont bien inutiles : quand le mal est fait, il ne s'agit plus
que de le réparer ou de l'empêcher de s'ac-
croître. C'est pourquoi je vous dis : en route.

— Un mot encore. Vous disiez tout à l'heure
qu'un planteur d'ici a des vues sur Léna. Votre
fille l'aime-t-elle ?

— Eh ! qu'en sait-elle ! elle est si jeune !... Nous
avons bien le temps d'y penser. Allons, en route.

— Moi, je sais que Pierre adore Léna, et que
pour avoir à lui offrir une situation digne d'elle,
il fera des merveilles. Je le connais. Promettez-
moi que vous ne déciderez rien à ce sujet sans
nous faire connaître...

— Mais, par le diable! que puis-je prévoir de
tout cela ? C'est l'avenir, c'est l'incertain...
Tandis que le présent va se gâter par votre
faute. Vous lambinez tant, que vous vous ferez
pendre, et moi avec. En route ! en route !

Léna entra à ce moment. La torche fumeuse
donnait une lumière fort incertaine, sinon sa
pâleur et son émotion n'eussent pas échappé
à l'œil perspicace de son père. Pourtant, ce
fut d'une voix assurée qu'elle dit à Dick :

— Je viens du jardin : avez-vous veillé sur
Pierre pendant que je préparais du bois ?

— Il dort, répondit Rook, et le mieux est
de le laisser reposer. Je vais accompagner Tarleton un bout de chemin ; toi, ne quitte plus
la cabane.

— Vous partez donc si vite ? demanda la
jeune fille. Alors, laissez-moi vous préparer
quelques provisions pour la route.

Lestement, elle enveloppa le reste du souper
et remit le paquet à son hôte.

— Chère enfant, dit Tarleton en acceptant
le présent, que ne puis-je récompenser votre

amitié comme elle le mérite ! Ah ! si jamais mes espérances se réalisent, et que Pierre devienne riche...

— Voyons, partirons-nous enfin ? demanda avec impatience le vieux Rook, visiblement irrité de la tournure que prenait la conversation.

— Je vous suis. Adieu, mon enfant. Dites à Pierre que je l'attends à l'endroit convenu, et ne nous oubliez pas quand nous serons loin de vous.

Léna ne put répondre que d'un signe de tête. Puis les deux hommes s'enfoncèrent dans le bois et disparurent dans les ténèbres.

VI

Confidences

Quand elle cessa d'entendre le bruit des pas, Léna rentra, ferma soigneusement porte et volets et, marchant sur la pointe des pieds, pénétra dans la chambre. A sa grande surprise, elle trouva Pierre les yeux grand ouverts.

— Oh ! s'écria-t-elle en se précipitant vers lui. Que je suis heureuse ! Mon bon Pierre, tu es sauvé !

— Je le crois, murmura le malade. Je l'espère surtout pour venger mon père et moi-même.

— Quoi ! que veux-tu dire ?

— Léna, je viens d'entendre une conversation de ton père avec le mien, et j'ai appris des choses horribles. Oh ! les lâches !...

— Mon Dieu ! toi aussi !... Non, ne pense pas

à tout cela maintenant. Ta guérison ne peut être complète que si tu es bien calme, bien docile...

— Je le serai, Léna, car je veux guérir Mais que disais-tu donc ? as-tu entendu aussi l'histoire que mon père...

— Je n'ai pas perdu un mot de leur conversation. J'étais sortie, pour chercher du bois. Comme j'allais rentrer, quelques mots de ton père m'ont frappée : je suis restée près de la porte, immobile, et n'ai bougé que quand ils ont fait mine de sortir. C'était mal d'écouter leurs secrets, mais... je t'avoue que mon père... je ne sais trop comment te dire...

Pierre eut un sourire amer.

— Moi non plus, je ne veux pas mal parler de ton père. Quoique il ne m'ait jamais montré la moindre affection — bien au contraire — il m'a accueilli et gardé quand je n'avais aucun asile. Mon père était forcé de fuir, un enfant jeune était un fardeau dangereux pour lui, il a été trop heureux que Rook consente à se charger de moi. Et puis, surtout, c'est parce qu'il m'a toléré dans sa maison que j'ai pu rester tant d'années près de toi.

Léna pressa doucement la main de son ami d'enfance.

— Mais, continua le jeune homme, voilà longtemps qu'il désire me voir loin d'ici. Il a des projets qu'il croit de nature à l'enrichir. Pour lui, l'argent, c'est tout ; mon père le lui a bien dit, et il le connaît de longue date.

Léna tressaillit, mais se remit aussitôt.

— Tu causes trop, dit-elle, et tu te fatigues. Je vais te laisser dormir et emporter la lumière.

— Non, dit Pierre en retenant sa main, je suis moins faible que tu crois, et il faut absolument que nous parlions à présent de ce qui nous importe à tous deux. Quand Rook sera là, il fera en sorte de ne jamais nous laisser seuls. Ecoute, Léna, puisque tu as entendu ce que mon père a dit au tien, je puis bien te parler franchement. Je lui ai avoué que je t'aime, et tout se révolte en moi à la pensée que tu pourrais devenir la femme de ce Br...

— Assez ! dit la jeune fille en posant la main

sur sa bouche. Ne prononce pas ce nom que je méprise comme la bourbe des marais ! Si l'avarice pouvait décider mon père à me vendre à ce misérable, rien au monde ne pourrait m'obliger, moi, à me soumettre. Tu en as ma parole, Pierre.

Merci, murmura Pierre, merci, je sais que je puis compter sur toi. Mais que de luttes je prévois pour toi, après mon départ !

— Je ne vois pas les choses ainsi, moi. Mon père t'a pris en grippe depuis que je suis intervenue quand il te malmenait, ou que j'ai pris ta défense quand il faisait sur toi des réflexions désobligeantes. Il te considère comme le seul obstacle à ses desseins et croit que mon affection pour toi s'effacera dès que tu auras disparu. En cela, comme en beaucoup d'autres choses, il me connaît mal, je te le jure. On ne me persécutera pas de longtemps, car tant que le père de Brandon vivra, il ne pourra être question de faire épouser à son fils la fille d'un chasseur de profession. Et je crois le vieil ivrogne encore solide.

— Tu me rends bien heureux, et ta promesse
me donne du courage. S'il ne faut que de l'or
pour gagner la sympathie de Rook, je lui en
apporterai. Accorde-moi quelques années de
délai, chère Léna, et, comme l'a dit mon père,
je reviendrai pour t'offrir une position digne
de toi. Nous sommes jeunes, nous pouvons
attendre quelques années.

— Je ne vois pas quelle situation me ren-
drait plus heureuse que je l'ai été pendant les
années où tu as été mon camarade de jeu. Rien
ne vaut pour moi nos courses dans les bois,
nos bonnes parties sous les peupliers.

— Oui, mais mon père dit que nous avons
vécu comme des sauvages jusqu'ici. Nous ne
serons pas toujours des enfants, ma chère Léna,
et il faut penser à l'avenir. Moi, je rêve de te
voir dans une belle maison, avec de beaux
vêtements, beaucoup de serviteurs autour de
toi, comme j'ai vu ma mère.

— Soit, ce sera peut-être très gentil. Mais
comment comptes-tu en arriver-là ?

— Tu sais que je dois rejoindre mon père en

Californie. Là, ou ailleurs, nous trouverons de l'or en masse, et nous deviendrons riches rapidement.

— Ton père... A propos, puisque tu as tout entendu tout à l'heure, que penses-tu de cette accusation de crime ?

Rook paraît douter de l'innocence de mon père. Moi, qui ai toujours vécu près de lui, sauf ces six dernières années, je te jure qu'il est incapable d'une lâcheté pareille. Je conviens qu'il aimait trop le jeu, et s'en faisait une ressource. Mais je l'ai toujours vu bon et affectueux. Pour ma mère, il l'adorait. Quand elle est morte d'une fièvre, on a cru qu'il deviendrait fou. C'est alors qu'il s'est mis à boire. Puis un jour, il m'a amené ici, disant qu'il partait pour le pays de l'or, et ne pouvait emmener un enfant. J'ai eu quelque peine à m'habituer à votre genre de vie. Mon père, qui avait beaucoup lu, me contait des histoires de l'Italie — tu sais que c'est son pays. — Il m'avait appris à lire, et me procurait des livres. Oh ! comme je les aimais ! et que je les ai regrettés!... Ici, je ne pouvais causer avec personne, car ton père... Enfin, tu le connais... Les blancs me méprisaient ouvertement. Toi seule, ma Léna, t'es montrée douce et affectueuse pour le pauvre quarteron, pour le « nègre », comme ils disent tous.

— Quant à la couleur, dit Léna en riant, c'est à moi qu'ils devraient adresser ce compliment, car je suis presque plus brune que toi. Je n'ai donc pas le grand mérite que tu veux me reconnaître.

— C'est surtout la race qu'ils méprisent. Pour eux, l'homme le plus intelligent et le plus capable ne vaut rien s'il est Indien.

— S'il fallait juger la race blanche d'après les misérables qui t'ont mis en cet état, je serais peu fière de mon avantage. Et c'est à toi, le fils d'une Indienne, que je dois de ne pas être tout à fait une sauvage, car le peu que je sais, c'est toi qui me l'as appris. Va, mon bon Pierre, ne leur fais pas l'honneur de tenir compte de leurs insultes : elles ne t'atteignent pas.

— Que je t'aime, Léna ! Et si tu avais connu

ma pauvre mère, tu l'aurais bien aimée aussi.
J'ai donc ta parole, et tu m'attendras ; me
voilà tranquille sur le point principal. Moi, je
te jure que je t'aimerai toujours. Ton souvenir
ne me quittera pas un instant. Et si j'ai la
chance de réussir dans mon entreprise, ces
coquins me paieront...

— Tais-toi ! tais-toi ! supplia Léna, en appuyant de nouveau sa main sur les lèvres du
jeune homme. Ne pense qu'à nos projets de
bonheur, et aie confiance en moi comme je
me fie à toi. Maintenant, je me retire : mon
père ne peut plus tarder à rentrer, et il ne faut
pas qu'il soupçonne jamais que nous savons
ses secrets.

— Ah ! ses secrets ! As-tu compris l'arrange-
ment qu'il a pris avec ces misérables ? Mon
père avait raison : il a vendu son silence.

Léna ne répondit pas.

— Et peut-être a-t-il vendu mon père...

— Allons, dit Léna en saisissant la torche,
je vois que si je reste ici, tu vas te surexciter
et te débattre en pensée contre nos ennemis,

ce qui n'aura d'autre effet que de te rendre plus malade. Bonsoir, ami, et n'oublie pas notre entretien.

— Dieu m'en garde ! murmura le jeune homme.

Léna quitta la chambre et ferma la porte. Il était temps : des pas bien connus approchaient de la maison.

VII

Six ans après

Six années ont passé sur le drame de la clairière. Les jeunes aventuriers sont devenus des hommes; Léna est à présent une grande et belle jeune fille; Jerry Rook, seul, semble n'avoir pas subi l'influence du temps : plus droit et plus alerte que jamais, il surveille en personne son exploitation, et le seul changement qui pourrait faire hésiter à le reconnaître, serait dans son costume.

En effet, sous ce rapport, la métamorphose est complète : plus d'habits sales, en guenilles ou grossièrement rapiécés; plus de chaussures misérables. Jerry Rook ne se montre plus que sous les dehors d'un respectable citoyen de l'Etat d'Arkansas, d'un demi-planteur, si nous osons nous exprimer ainsi. Il porte du linge

fin et propre, son vêtement est de bonne
façon et de belle étoffe, son large chapeau a
bon air : tout, en un mot, dans son extérieur,
dispose à reconnaître en lui, du premier coup
d'œil, l'heureux propriétaire de la jolie maison
et des belles plantations encloses qui occupent
aujourd'hui le terrain où s'élevait jadis la rus-
tique cabane de l'habitant des bois.

Un certain nombre d'esclaves travaillaient
sans relâche possible sous les yeux du maître :
Jerry Rook était son propre majordome et
se montrait aussi avare du temps de ses nègres,
qu'il l'avait toujours été pour l'argent. Mais si
exigeant qu'il fût à l'égard de ses travailleurs,
rien dans ses rapports avec eux n'approchait
de l'âpreté qu'il apportait à l'exécution du
traité passé avec Brandon et consorts : le « jeu
de la corde », comme il l'appelait. Certes, le
vieux renard s'y entendait, à ce jeu. Depuis six
ans, à jour fixe, chacun des intéressés le voyait
apparaître avec une ponctualité inexorable. Les
deux ou trois premières fois, chacun avait, sans
mot dire, compté les cent dollars promis. Mais

divers changements survenus dans les situations
avaient, à la longue, fait sentir tout le poids de
cette charge, qui avait paru si légère comparée
au prix dont la justice eût taxé le crime. Le
père de Randall et celui de Spence étaient
morts ; mais les deux fils étaient des vauriens
trop connus pour qu'on leur donnât les postes
de juge et de clergyman, même dans ce pays
de morale facile. Ils se trouvaient donc à peu
près réduits à vivre d'expédients. La situation
de Grubbs ne valait guère mieux. Son père
avait disparu quand le shériff se disposait à
mettre la main sur lui, à la suite de quelques
opérations louches, et le fils essayait maintenant de remonter une maison de commerce aux
dépens des bateliers du Mississipi. Bill Buck
faisait avec succès son métier de maquignon ;
Slaughter avait repris la taverne de son père
et y gagnait de l'argent. Mais le jeu et l'ivro-
gnerie rendaient leurs gains illusoires. Seul,
Alfred Brandon n'avait pas déchu, pécuniaire-
ment parlant, s'entend. La plantation de coton
dont il devait hériter un jour était plus que

jamais prospère, et son père semblait prendre
à tâche de précipiter le moment qui install-
lerait son héritier en son lieu et place ; abruti
par l'alcool, il était obligé de laisser son fils
diriger tout à peu près seul, et sa suppression
totale n'était plus qu'une affaire de jours.
Brandon était donc le seul qui n'eût pas encore
bronché devant le retour régulier du terrible
Rook. Mais cependant sa patience était à bout.
Le sixième terme n'était plus éloigné que d'un
mois, il avait donc jusqu'à ce jour compté
cinq cents dollars pour son propre compte, et
la situation financière de ses complices lui
faisait prévoir que, sous peu, il se trouverait
seul à supporter la dette dont il avait étour-
diment répondu.

Déjà, dans les réunions qui se tenaient au
cabaret de Slaughter, quelques allusions avaient
été faites à ce sujet. Buck, entre autres, prétendait que ce contrat équivalait pour lui à l'en-
gagement de se laisser arracher une dent chaque année. « Et ma dentition est bien pauvre,
ajoutait-il avec un gros rire. Heureusement

que l'ami Brandon a la mâchoire bien garnie. »

— En effet, avait répondu Slaughter, c'est pour nous une sécurité de savoir qu'il mordra pour nous, quand nos moyens ne nous le permettront plus.

Brandon laissa passer ces propos comme s'ils ne l'eussent nullement concerné.

Quelque temps après, Slaughter insinua qu'un accident de chasse — ou de tout autre genre — qui surviendrait au vieux ladre ferait bien leur affaire à tous. Buck riposta qu'avec un peu de bonne volonté, on pourrait toujours faire naître cet heureux hasard. Un rire significatif accueillit cette réflexion. Cette fois, Brandon combattit énergiquement ses camarades. Il avait ses projets sur Lena et croyait tenir un moyen infaillible de les mener à bonne fin. La mort de Rook, du moins en ce moment, les eût contrecarrés, car si ce plan devait, avec un peu de temps encore, avoir raison du vieux, auprès de sa fille devenue libre le succès en était plus que problématique. D'après ses conseils, on laissa l'ex-chasseur jouir de son bien

mal acquis, bâtir sa maison, cultiver ses terres,
entretenir une véritable meute. On feignit de
ne pas comprendre la nature de certain monticule qui boursouflait le gazon sous un gros
peuplier dans un bout du jardin. On ignora
même, en apparence, ce que signifiait l'ornement bizarre que le nouveau planteur avait
accroché à l'entrée de sa véranda : une
corde dont l'extrémité formait un nœud coulant, et dont une plante grimpante suivait
exactement tous les détours. « Idée baroque »,
disaient les habitants du pays. « Superstition,
répondait Rook à ceux qui l'interrogeaient
parfois. Je suis un vieux sauvage, et dans ma
vie au fond des bois, j'ai appris à croire à
l'influence de la corde de pendu. Hé, hé, hé,
hé ! »

Cet épouvantail, dressé pour maintenir dans
le devoir des débiteurs récalcitrants, avait eu
plus d'influence encore que ne le soupçonnait
Jerry Rook. Mais s'il eût pu lire dans le cœur
de sa fille, certes, il eût détruit avec force malé-
dictions son ingénieux talisman. Car, s'il lui

assurait chez les premiers la fortune, de ce
côté, il lui avait préparé une ruine totale.

Léna avait fait les efforts que lui commandait son devoir pour garder le plus possible les
illusions qui lui permettaient de conserver
pour son père du respect, à défaut d'affection.
— Depuis la mort de sa mère et le départ de
son ami d'enfance, la pauvre enfant ne connaissait plus la tendresse que de souvenir. —
Elle avait donc lutté de toutes ses forces contre
les soupçons que la conduite de Rook avait
fait naître en elle, au sujet du parti coupable
qu'il avait su tirer de la triste affaire de Pierre et
des embarras de Dick Tarleton. Mais, hélas,
après cette conversation surprise par hasard,
elle avait été définitivement éclairée par son
père lui-même sur le rôle qu'il avait joué en
cette occurrence. Jerry, si malin, si fécond en
ruses de guerre, pécha cette fois par excès d'a-
dresse. A demi-sauvage, comme il se qualifiait
lui-même, il partageait sur la femme les opinions des Peaux-rouges, et ne voyait dans sa fille
qu'une jolie créature sans intelligence, dont le

seul but d'existence était de surveiller sa mai
son jusqu'au moment où sa livraison à un mari
riche procurerait, à lui, Rook, enfin la fortune
rêvée. Il crut donc agir avec une diplomatie
profonde en prévenant ses questions possibles
après le départ inexpliqué de Tarleton, puis
celui de Pierre, et il raconta sans invitation
que Dick, ayant besoin des services de son fils
pour son exploitation en Californie, avait
exigé son départ immédiat. Le silence dont
Lena accueillit cette communication ne lui
donna pas l'éveil, il s'en applaudit, bien au
contraire, comme d'une preuve de victoire
complète, et poussa l'aveuglement jusqu'à
lever les derniers doutes de la pauvre enfant.
Toujours pour lui « dicter les pensées qu'elle
devait avoir », il ajouta que jamais Tarleton
ne remettrait le pied dans l'Arkansas, car la
justice, quoi qu'on en dit, avait toujours l'œil
ouvert et était toujours prête à châtier le
crime. Tarleton avait donc raison de se tenir
loin de son atteinte. Quant à Pierre, il fallait,
dans son propre intérêt, laisser croire à sa

mort. Puis, satisfait de l'impression que, voyant la pâleur subite de sa fille, il crut avoir produite définitivement, il ne se préoccupa plus que de ses « affaires ».

— Ainsi, c'est donc vrai ! s'était dit Léna en sanglotant, quand elle se trouva seule dans sa chambre. Voilà d'où vient cette fortune ! Non content de spéculer sur la mort de Pierre, il a certainement trahi, pour de l'argent, l'ami qui s'était confié à lui ! Oh ! qui pourra me dire ce que Dick est devenu ! Ces trois misérables l'ont-ils atteint ? Peut-être que mon père ne l'a accompagné lui-même que pour le conduire sûrement dans une embuscade... Oh ! cette incertitude me tue !... Et quand je pense que cet homme est mon père !... Je lui avais cru pourtant du cœur !...

Jamais Léna ne dit un mot de plus sur ce sujet ; et son silence, loin de donner l'éveil au vieux chasseur, le confirma si bien dans ses idées sur sa fille, qu'il ne daigna même pas lui offrir un mot d'explication au sujet de la prospérité qui fondit si subitement sur l'humble

habitation des bois. Sans transition aucune,
il bouleversa sa manière de vivre ; le luxe
succéda tout à coup à l'indigence, il combla
Léna de bijoux, de colifichets coûteux, de
riches étoffes, exigeant qu'elle fût toujours
parée comme une châsse. Et jamais il ne lui
vint à l'esprit que de telles excentricités devaient logiquement éveiller, chez celle qui
le connaissait mieux que personne, des soupçons à la fois sur les sources de sa fortune
et sur les causes de pareilles prodigalités.

Léna ne s'y trompa pas une minute. Quoique
jeune, la société avec laquelle elle s'était forcément trouvée en contact, malgré sa vie
retirée, lui avait donné de l'expérience. Quand
elle vit Alfred Brandon, entre autres, devenir
un hôte assidu du nouveau planteur et lui
offrir ses services, elle comprit dans quelle
voie son père s'engageait. Sa froideur glaciale
réussit à la préserver, au bout de quelque temps,
des assiduités gênantes, car son père, craignant
de la voir « gâter son œuvre », ne l'obligea
plus à présenter aux visiteurs un « visage

morne et sot » : il reçut seul ses nouveaux amis
et se contenta de les entretenir des hautes
qualités de Léna.

Mais quand, à la suite d'une discussion ora-
geuse avec ses débiteurs, le vieux coquin sus-
pendit au-dessus de sa porte l'ornement dont
nous avons parlé, ce fut trop pour la pauvre
jeune fille. Elle courut s'enfermer dans sa
chambre, le seul refuge où elle pût pleurer
librement, et là elle s'abandonna à son désespoir. Depuis le moment où elle avait dit adieu
à Pierre, elle n'avait plus jamais entendu parler
de lui. La séparation de l'unique compagnon
de sa vie lui faisait sentir encore plus le vide
de son existence, et avait augmenté, si possible,
ses regrets et son affection.

D'ailleurs, le brave et loyal garçon qu'était
son ami ne pouvait que gagner à la compa-
raison avec les prétendants qui se disputaient
actuellement sa main. Quand nous dirons
que les meilleurs d'entre eux étaient Bill Buck
et Alfred Brandon, le lecteur se rangera vite
de cet avis. A partir de ce jour, la vie de Léna

devint une torture. Toujours sur le qui-vive,
mais trop fière pour laisser percer ce qu'elle
éprouvait, son caractère devint de plus en plus
sombre et taciturne. Elle savait mieux que
personne que, si sa froide indifférence avait
jusque-là effarouché même les plus hardis,
la timidité était chez eux un caractère trop
anormal pour être durable : les explications
n'étaient qu'ajournées, et peut-être d'autant
plus redoutables. Mais, liée à celui qu'elle
considérait comme son fiancé par une affection à toute épreuve, elle se préparait en
silence à une lutte opiniâtre.

Dans cette jolie propriété, où tout semblait
si riant et si heureux, des orages se préparaient
donc et grondaient déjà sourdement. Rook,
en empruntant à Brandon, s'était mis à sa discrétion : il avait hâte d'arriver à une solution
et se disposait à user de son autorité sur sa
fille. Brandon, de son côté, dissimulait sa haine
croissante contre son rival Buck qui, lui, ne
cachait pas la sienne, mais la contenait, craignant de pousser à bout l'homme dont la

bourse garantissait sa tête. Enfin, une haine
commune réunissait tous ceux que Rook tenait
en son pouvoir et prétendait rançonner longtemps encore.

Léna, opposant pour le moment la force
d'inertie, regardait avancer la tempête. Elle
fuyait la société dont les hommages ou les
simples politesses lui pesaient d'une manière
insupportable, et malgré les réflexions de son
père, elle passait tous ses moments de loisir
dans le fond du jardin, près du petit tertre, où
elle se retirait sous prétexte de lire à la fraîcheur du ruisseau. En réalité, dès qu'elle se
sentait à l'abri des regards curieux, elle rêvait.

VIII

Un revenant

Un soir, une heure avant le coucher du soleil, Léna se rendit à sa retraite favorite. L'énorme peuplier était sur la lisière du bois, de l'autre côté du petit ruisseau dont les roseaux, hauts et touffus, formaient de ce côté la limite du jardin. Une légère passerelle permettait de le franchir à peu près à pied sec, — nous disons à peu près car les deux bouts reposaient ordinairement sur une vase épaisse.

Léna, pensive comme toujours, s'avançait lentement vers la planche et regardait distraitement le sol devant elle. Tout à coup, elle leva les yeux et tressaillit : il lui avait semblé voir dans le bois la silhouette d'un homme qui cherchait à se dissimuler derrière un tronc.

La jeune fille s'arrêta court. Jamais les visiteurs n'arrivaient par ce côté ; d'ailleurs, l'inconnu s'était caché avec trop de promptitude pour qu'on pût conjecturer en lui un ami. Léna n'avait pas d'arme, elle n'en prenait que lorsqu'elle devait s'éloigner quelque peu de l'habitation, mais eût-elle eu son révolver, qu'elle eût quand même battu en retraite, car ce n'était pas un vulgaire voleur qu'elle appréhendait dans l'individu qui s'était si prestement rendu invisible à son approche. Brandon ou Buck l'avait peut-être espionnée, et l'attendait là pour provoquer une explication définitive. Ni l'un ni l'autre n'étaient rassurants dans un tête-à-tête, et comme des violences devaient forcément être funestes pour son père ou pour elle-même, après une courte hésitation, elle retourna lentement sur ses pas, comme si elle se fût soudain ravisée.

Elle suivait une allée qui côtoyait le ruisseau. De ce côté, les roseaux étaient coupés sur une certaine étendue et découvraient la lisière du bois. Inquiète de se sentir observée par l'espion invisible, elle tourna la tête vers l'endroit où elle avait cru le voir disparaître. Mais alors elle poussa un cri de terreur et fit un bond en arrière : à quelques pas devant elle, un énorme serpent était roulé sur lui-même comme un câble, et dardait vers elle une langue fourchue. Léna ne le connaissait que trop : c'était un serpent à sonnettes. L'animal l'avait aperçue bien avant qu'elle remarquât sa présence, car il se tenait sur la défensive, et les vibrations de tout son corps indiquaient qu'il se disposait à l'attaque. Fuir vers la maison à travers les plantations n'était pas chose facile. Mais Léna n'avait pas d'autre issue. Elle s'élança donc, mais avant qu'elle eût parcouru quelques mètres, une détonation éclata derrière elle. Elle se retourna : un homme au teint fortement bronzé se tenait debout près de la passerelle, un fusil fumant à la main. Instinctivement, Léna jeta un coup d'œil vers l'endroit où était le serpent : le reptile gisait sur le sentier, la tête ensanglantée, et se tordait dans les convulsions de l'agonie.

Léna regarda de nouveau l'inconnu, qui restait immobile et semblait désirer qu'elle parlât la première. Il devait avoir de vingt-cinq à trente ans, mais sa moustache noire et son air fatigué pouvaient le faire paraître plus vieux que son âge. Ses yeux, ses cheveux étaient aussi remarquablement noirs. Ses vêtements paraissaient élégants sous la poussière qui les recouvrait, mais n'annonçaient ni un chasseur, ni un planteur. Une épingle de diamant étincelait à sa cravate.

Enfin Léna se remit de sa surprise.

— Je vous remercie, monsieur, dit-elle, vous m'avez sauvé la vie, car cette affreuse bête m'eût certainement atteinte avant qu'on eût le temps d'accourir. Vous êtes d'une habileté merveilleuse.

— J'ai entendu votre cri, miss, répondit-il avec un léger embarras. C'est pourquoi je me suis permis de pénétrer dans cette propriété...

— Croyez que ce n'est pas moi qui vous taxerai d'indiscrétion, reprit la jeune fille, soulagée à la pensée que ses appréhensions quant à l'inconnu étaient vaines. Mais, franchement, je ne croyais pas qu'il existât deux hommes capables du coup d'adresse que vous venez de faire.

— Vraiment, miss ?... vous connaissez quelqu'un d'autre qui... ?

Le tueur de serpent était distrait, ou bien intimidé, car ses yeux erraient sur les mains de Léna, et il balbutiait, comme un étranger qui cherche péniblement ses mots dans une langue peu familière pour lui.

Cet embarras finit par gagner la jeune fille sans qu'elle s'en rendît compte. Ses doigts portaient plusieurs bagues d'un grand prix, qui semblaient accaparer toute l'attention du jeune homme. Et ce jeune homme n'avait pourtant pas la mine d'un voleur ni même d'un simple aventurier, en quête d'un butin de ce genre. Elle dit enfin :

— Vous paraissez venir de loin. Ne voudriez-vous pas entrer à la maison vous reposer et vous rafraîchir ? Mon père sera bien aise de vous remercier aussi de...

— Ah ! Jerry Rook vit toujours... mademoiselle?... N'est-ce pas, c'est bien ainsi qu'il faut vous appeler?

— Oui, monsieur.

Léna n'eût pu dire pourquoi son cœur battait si fort, mais il lui semblait que sa poitrine allait se briser.

— Mais, vous connaissez donc mon père? Je ne vous ai jamais vu ici, pourtant, et il y a bien longtemps que mon père n'a quitté le pays. D'ailleurs, vous êtes trop jeune pour qu'il vous ait connu quand...

— J'ai habité ce pays il y a quelques années. J'ai dû beaucoup changer pendant mes voyages, car personne ne me reconnaît plus, même les amis dont le souvenir m'a soutenu et consolé pendant tout ce temps...

Haletante, Léna le regardait sans oser croire à ce qu'elle entendait.

— Les amis?... vous en aviez donc laissé un grand nombre?...

— Non, dit-il comme se parlant à lui-même. J'avais une amie, elle était tout pour moi, et c'est pour elle seule que je suis revenu.

— Pierre ! s'écria Léna en courant à lui. C'est toi ! comment ne t'ai-je pas reconnu de suite ! Que dois-tu penser de moi !

Sans répondre, le jeune homme avait laissé tomber son fusil sur l'herbe pour saisir la jeune fille qui s'était jetée à son cou. Pendant un moment, ils restèrent embrassés, incapables de dire un mot. Brisée par la contrainte dont elle s'était raidie pour jouer si longtemps son rôle devant son père, Léna éclata en sanglots.

— Qu'as-tu ? demanda Pierre inquiet d'un désespoir si subit. Je t'en prie, parle, dis-moi ce qui te cause ce chagrin en me revoyant.

— Laisse-moi pleurer, répondit-elle enfin quand elle put articuler une parole. J'ai trop souffert ; il me semble que tout en moi se détend maintenant. Ne crains rien, cela va passer.

Enfin, les premières émotions se calmèrent, et les deux jeunes gens se racontèrent les événements qui les intéressaient respectivement.

Pierre avait rejoint sans encombre son père en Californie, et s'était mis avec lui à chercher de l'or. En trois ans, il avaient amassé une jolie fortune, suffisante pour permettre à Pierre de prétendre même à la fille d'un avare. Laissant Dick continuer seul l'exploitation commencée, le jeune homme s'était mis en route pour Héléna. Mais alors le malheur voulut qu'il tombât aux mains d'une tribu d'Indiens Arapahoes, qui le garda en esclavage. Ses tentatives d'évasion furent vaines et n'eurent d'autre résultat que de resserrer la surveillance dont il était l'objet. Enfin, après trois ans d'angoisses et de souffrances, il fut reconnu par un parti de Choctaws, tribu de sa mère, qui le racheta et lui rendit la liberté.

Le premier usage qu'il en fit fut de retourner à San-Francisco pour chercher de l'argent qu'il avait déposé à la banque. Et il reprit son voyage si malheureusement interrompu.

— Non, ma chère Léna, dit-il en terminant son récit, tu ne peux t'imaginer les jours d'angoisse que j'ai traversés. Je savais à quels rivaux j'avais dû céder la place ! Non que je n'eusse en toi toute confiance : tu m'avais donné ta parole, je savais que je pouvais compter sur toi. Mais je n'ignorais pas non plus ce que sont les gens qui t'entourent. La perspective d'un gain quelconque peut pousser ton père bien loin, — je ne le sais que trop, — et ces coquins qui osaient te poursuivre sont capables de tout. Trois ans, c'est bien long quand on attend ; cependant l'ardeur du travail et la volonté de réussir modéraient mon impatience. Mais quand, si près du but, j'ai vu toutes mes espérances près de sombrer ; que jour par jour, j'ai vu le temps s'écouler sans amener aucun changement, pas même un espoir de change-ment, à ma situation... alors, j'ai été bien près de désespérer. Je suis venu aussi vite que mon cheval a pu me porter, ne m'arrê-tant que lorsque les forces nous manquaient à tous deux. Je l'ai laissé à l'auberge de la forêt, et je suis dans ce bois depuis midi...

— Quoi ! s'écria Léna. Tu as pu rester si près de moi, sans me faire savoir ton arrivée ! Tu as pu prolonger volontairement mes in-quiétudes, quand tu pouvais d'un mot...

— Ne me garde pas rancune de mon égoisme,
ma chère Léna. Tout est tellement changé ici
que je ne pouvais croire à une pareille transformation. De derrière ce peuplier, j'ai épié la
maison, espérant et craignant de t'apercevoir.
Quand je t'ai vue descendre le perron et
t'avancer par ici — je t'ai reconnue aussitôt,
quoique tu sois bien embellie — je n'ai plus
été maître de moi, et je me suis laissé voir, et
je t'ai effrayée... Sans le danger que tu cou-
rais, je ne me serais pas montré si brusquement.

— En effet, dit Léna, redevenue pensive, tu
m'avais effrayée plus que tu ne penses. Oh !
mon ami, il était temps que tu reviennes, car
ce serpent était le moindre des ennemis contre
lesquels tu auras à me défendre.

— Si j'arrive à temps, c'est plus que je
n'osais espérer. Je t'ai retrouvée, tu m'aimes
toujours, je suis riche, c'est aussi plus qu'il
n'en faut pour décider Rook à me préférer aux
riches habitants du pays. Mais, quant à ceux-
ci, il me faut plus encore que leur décon-
venue : il me faut ma vengeance.

— Non, Pierre, je t'en prie, puisque le
bonheur est pour nous, montre-toi clément.
Certes, ils ont bien mérité notre haine, mais
je crois que mon père les en a durement
punis.

— Comment Rook a-t-il pu songer un instant
à venger un quarteron qu'il souffrait chez lui
avec impatience, et qu'il ne ménageait guère
lui-même ?

— Mon père t'a vengé, quoiqu'il n'ait pour-
suivi que son intérêt, car la frayeur perpétuelle
dans laquelle il les a entretenus depuis ton
départ...

— Si ce n'était que cela... Ah ! s'il n'était
pas ton père, celui-là, je te jure que lui aussi
aurait un terrible compte à régler.

Léna étouffa un soupir et serra tendrement
la main du jeune homme.

— Oui, murmura-t-elle, ma position est bien
cruelle. Maudit soit le jour où nous avons
traversé cette clairière ! Depuis ce moment,
je n'ai plus connu que chagrins et décep-
tions, et la plus affreuse pour moi a été de dé-

couvrir chez mon père un côté auquel je ne puis penser sans horreur.

— Ainsi, tu sais qu'il avait averti Randall et Brandon de la présence de mon père ?...

— J'ai eu des motifs de le soupçonner, hélas !

— Mais mon père se méfiait, et a refusé d'aller jusqu'à l'endroit que Rook avait indiqué. Ce qui lui a donné de l'avance, quand les autres se sont mis à sa poursuite. Grâce à l'obscurité et à sa connaissance des passages praticables dans les marais, il a pu échapper.

— Mon Dieu ! dit Léna, accablée. J'espérais que mes soupçons étaient faux, malgré ce rapprochement de Brandon...

— Il est ton père, je ne veux tirer aucune vengeance. Mais ne me demande rien pour ces trois bandits, ma chère Léna. Les laisser impunis est au-dessus de mes forces : je veux ma revanche.

— Les pères seuls ont offensé le tien. Or, apprends que deux sont morts, et que le troisième ne vaut guère mieux.

— Donc, ceux-là m'échappent ! gronda le

jeune homme d'un air sombre. Mais les fils me paieront la scène de la clairière. Je veux les lyncher de ma propre main.

Léna l'interrompit d'un geste et prêta l'oreille.

— J'entends le pas d'un cheval, ce doit être mon père qui rentre. Surtout, qu'il ne te voie pas ici maintenant ! Tu repartiras par le bois comme tu es venu. Mais il faut absolument que je te parle et que nous nous entendions...

— Léna ! cria une voix d'homme venant de la maison.

— Adieu ! adieu ! dit Pierre en serrant la jeune fille une dernière fois sur sa poitrine. Demain soir, à partir de onze heures, je t'attendrai sous le gros peuplier.

Il ramassa son fusil, et en un instant disparut parmi les arbres.

Léna prit le chemin de la maison. Quand elle parut devant l'ex-chasseur, son visage était froid et impénétrable comme à l'ordinaire.

IX

Une explication de famille

Rook venait de descendre de cheval quand Léna parut. Il s'avança vers elle en se frottant les mains d'un air joyeux, qui plissait davantage son visage ridé et lui donnait la physionomie d'un vieux renard qui vient de faire une bonne prise.

— J'ai de diablement bonnes nouvelles pour toi, ma fille, dit-il. Le gin et le brandy ont enfin terminé leur œuvre, et le vieux Brandon est enterré depuis trois jours.

— Oh ! mon père ! c'est ce que vous appelez une bonne nouvelle... et pour moi, encore ?

— Eh ! pardieu ! pour qui donc, alors ? Voilà maintenant Alfred seigneur et maître de la plantation, et rien n'empêche plus que tu en sois aujourd'hui même dame et maîtresse. Je

sais qu'Alfred a l'intention de te demander en mariage, et j'ai de bonnes raisons de croire qu'il n'attendra pas à demain pour cela. Je vais donner des ordres pour qu'on reçoive convenablement mon futur gendre...

— Ne vous dérangez pas pour cela, mon père. Alfred Brandon n'est pas, et ne sera jamais votre gendre.

Rook resta un instant muet de surprise.

— Quoi! cria-t-il enfin. Tu le refuserais? Tu aurais la bêtise et l'audace de le refuser? Es-tu folle?

— C'est parce que j'ai tout mon bon sens, que je refuse de devenir la femme d'un individu que je méprise, et qui n'a d'autre qualité qu'une fortune qu'il n'a seulement pas gagnée lui-même.

— Je te dis que tu es folle, folle à lier! Tu le méprises! Mazette! que te faut-il donc? et en quoi vaut-il moins que n'importe quel homme à dix lieues à la ronde? Trouves-en donc un qui vaille quelque chose!

— C'est pourquoi je n'en cherche pas.

— Et alors, tu te résigneras à jeûner, et à laisser mourir de faim ton vieux père ? T'imagines-tu par hasard que j'aie le moindre goût pour retourner vivre dans une cabane, au fond des bois ?

— En quoi mon refus d'épouser cet homme peut-il vous y obliger ?

— C'est ma ruine, ton refus, entends-tu bien ? Ma ruine totale !... Je lui dois trois mille dollars, à Brandon, et s'il me les réclame, je ne saurai où les prendre. Il me fera tout vendre, il me jettera sur la paille, et toi avec. Comprends-tu enfin ?

— Non, je ne comprends pas comment trois mille dollars peuvent vous mettre si bas.

— Eh ! si ce n'était que cela. Mais il peut me faire perdre mes revenus. C'est à dire qu'il peut me causer des pertes irréparables, enfin, est-ce clair ?

— C'est de moins en moins clair, quoique vous en disiez, mon père. S'il vous faut trois mille dollars, la vente de mes bijoux peut déjà vous fournir une partie de la somme.

Quant à vos revenus, ils sont dans vos plantations, et personne...

—Le diable confonde les filles qui raisonnent !
Qui te permet de discuter ce que je dis ? ou
seulement d'y ajouter la moindre réflexion ?
Tu es ici pour obéir, et, Dieu me damne ! si tu
t'avises d'autre chose... ! Vieil imbécile que je
suis ! Je lui donne des explications ! Eh bien !
en voici encore une, c'est la dernière : tu épou-
seras Alfred Brandon, et tu seras sa fiancée dès
ce soir.

La jeune fille frémissait intérieurement, mais
elle garda le plus grand calme et répondit en
appuyant sur ses paroles :

— Jamais, et à aucun prix, vous entendez
bien, mon père.

La colère étrangla la voix du vieux Rook.
Il voulut répondre, mais ne trouva que des
mots incohérents qu'il résuma en un épouvantable juron.

A dire vrai, en ce moment, l'étonnement l'emportait sur la colère chez le
vieillard. Léna s'était toujours montrée docile

et silencieuse, et son père ne s'était jamais demandé si cette soumission discrète ne dissimulait pas quelque secret bien gardé. Il croyait avoir toujours bien caché son jeu, mais ne l'avait fait en quelque sorte que par instinct, car il croyait Léna incapable d'y lire le moins du monde. Si ces questions nettes, faites à brûle-pourpoint, jetaient une lumière soudaine sur l'intelligence de la jeune fille, sa résistance si calme révélait tout à coup un caractère. Bref, on eût annoncé à Jerry Rook qu'un de ses agneaux avait dévoré ses dogues, qu'il n'eût pas éprouvé plus d'ébahissement.

Mais, le premier moment de stupeur passé, son esprit soupçonneux reprit le dessus. Plus il scrutait la physionomie de sa fille, plus cette superbe assurance lui semblait extraordinaire, et quoique la jeune fille soutînt ce regard avec un sang-froid admirable, son trouble intérieur ne put échapper à l'œil perçant du vieux chasseur. Avec sa souplesse ordinaire, il changea de tactique.

— Je ne sais trop pourquoi je m'emporte

ainsi, dit-il enfin. J'ai peut-être trop trinqué
avec Brandon tout à l'heure. Il était si content
de m'appeler son beau-père ! Pauvre garçon !
s'il se connaissait un rival, je crois qu'il deviendrait capable d'un mauvais coup. Car,
tu sais, il est toqué de ta petite frimousse,
et ne la céderait à aucun prix. Je plains
celui qui aurait en ce moment le bonheur de
te plaire.

Cette fois, Léna eut quelque peine à ne pas
se trahir. Elle ne craignait certes pas pour son
ami la colère de Brandon ; mais cette allusion
subite à un attachement possible pour un autre
faillit la déconcerter. Elle se remit vite, mais ne
répondit pas.

— A propos, reprit Rook, auquel ce petit
mouvement n'avait pas échappé, en revenant
j'ai entendu un coup de fusil qui partait de par
ici. Quelqu'un est-il venu à la maison en mon
absence ?

Léna éluda.

— J'ai entendu, en effet, une détonation.
Mais personne n'est venu à la maison.

— Je jurerais que ce n'était pas loin d'ici.
N'as-tu rien vu ?

— Ce devait être aux environs du ruisseau,
peut-être dans le bois.

— Un chasseur dans le bois !... Mais il n'y a
d'autre gibier que des écureuils !

— C'étaient peut-être des enfants qui
jouaient.

— Des enfants !... Tiens ! qu'est-ce que ce
chien traîne donc comme cela ? Ici, Jup !... Mais
c'est un serpent... un serpent à sonnettes !...
Ce n'est pas le chien qui a tué cette sale bête...

Le vieux chasseur s'avança et examina cu-
rieusement le reptile.

— Il a eu la tête fracassée d'une balle, mar-
motta-t-il. Par une balle de rifle, soixante à la
livre. Qui ce peut-il être ? Le coup a été fait
de ce côté du ruisseau, car la bête est toute
sèche, et le chien aussi.

Rook remonta la trace laissée par le chien et
arriva à l'endroit où le serpent avait été tué. Il
examina le terrain aux alentours et n'eut pas
de peine à découvrir des traces de pas d'homme

sur la terre humide, ainsi que des empreintes plus petites, faciles à reconnaître.

— Elle me trompe d'un bout à l'autre de cette histoire, pensa l'ex-chasseur, resté songeur devant les traces révélatrices. Voilà ses marques, et tout à côté, des marques de bottes... les deux ont été faites en même temps et n'ont pas une heure de date. Un homme est venu par le bois.

Rook franchit le ruisseau et suivit sans peine la piste laissée dans la terre molle. Cette piste dénonçait que l'inconnu était arrivé par le bois et reparti exactement par le même chemin.

— Voilà une chaussure comme on n'en fait pas dans le pays, pensa encore Rook. Donc c'est un étranger ; il doit être arrivé depuis peu d'heures, car je n'ai entendu parler de rien aujourd'hui à Héléna. Mais en tous cas, une chose est certaine : Léna a vu cet homme, elle lui a parlé, de très près même, quoiqu'elle prétende n'avoir vu personne. Puisqu'elle me cache si soigneusement cette rencontre, c'est

qu'elle mène une intrigue derrière mon dos.
Mais si elle a des rendez-vous avec quelqu'un,
comment se fait-il que tout le monde l'ignore?
Buck et Brandon la guettent d'assez près pour
qu'elle ne puisse leur échapper. Et elle a la
réputation d'être aussi insensible qu'un de
ces peupliers...

Toujours roulant ces réflexions dans sa tête,
Rook revint lentement vers la maison. Les
traces s'enfonçaient dans la forêt, il ne pouvait
donc pousser plus loin ses investigations pour
ce jour-là, car il fallait, si possible, éclaircir
cette affaire avec Léna avant l'arrivée d'Alfred
Brandon.

— Damnation! fit-il à mi-voix en apercevant
la jeune fille, un peu plus pâle qu'à l'ordinaire,
debout sous la véranda. On dirait qu'elle n'est
pas à l'aise, tout de même. Sûrement, elle a
quelque attachement, et elle a diablement bien
caché son jeu. Mais tu ne m'échapperas plus
longtemps, sois tranquille. Je n'ai pas envie de
me laisser jeter sur la paille parce qu'il te plaît
de te forger des romans !...

— Mon père, dit Léna, je vois votre ami qui
se dirige par ici.

Jerry Rook se précipita au-devant du planteur, avec la politesse exagérée d'un homme
qui se fait violence pour cacher sa colère et ses
appréhensions. Il conduisit lui-même à l'écurie
le cheval de son visiteur, sous prétexte de
veiller en personne à ce qu'on prît bien soin
du magnifique animal. En réalité, il voulait
gagner le temps de réfléchir, car la situation
était des plus critiques. Se croyant sûr de Léna,
il avait affirmé ce même jour à Brandon qu'elle
agréerait sa demande avec enthousiasme, et
celui-ci, qui ne voyait dans ce fait qu'une chose
toute naturelle, avait résolu de régler l'affaire
le jour même.

Brandon avait, lui aussi, hâte d'arriver à une
solution. Selon lui, la plus belle fille du pays
revenait de droit au plus riche planteur — et
au plus beau garçon, pensait-il à part lui. — Les
prétentions de Buck ne lui semblaient plus
inquiétantes, car, outre la froideur proverbiale
de la jeune fille qui le tenait à distance, le

grossier maquignon, était maintenant trop au-dessous de l'élégant et riche planteur pour pouvoir devenir jamais un rival sérieux. Il se croyait donc sûr de ce côté, quoique Léna l'eût toujours accueilli avec autant d'indifférence que le commun des prétendants. Ce qui le poussait à agir sans retard, c'était une complication qui venait de surgir du côté de ses complices : le « jeu de la corde » menaçait de tourner tout entier contre lui.

En effet, le jour même de la mort de Brandon père, Buck était venu faire à l'héritier une visite de prétendues condoléances et lui avait signifié sans autre préambule que, puisqu'il était devenu riche comme douze, il pouvait payer pour six sans la moindre peine.

— C'est pourquoi, avait-il ajouté, les camarades ont résolu de vous confier le soin d'effectuer les paiements futurs de la rente consentie à Jerry Rook pour prix de son silence. Pour vous qui dépensez tant au jeu, en chevaux, en beaux costumes, que sont six cents dollars de plus ou de moins par an ? Une misérable bagatelle !

C'était une lourde erreur. Si, dans la satis-
faction de ses vices, Brandon passait avec raison
pour prodigue, nul n'était plus avare — sauf
Rook, peut-être — dès que l'intérêt d'autrui était
seul en jeu. Cette nouvelle attitude de ses complices l'avait décidé du coup : il fallait terminer cette affaire de mariage qui liait à ses
intérêts le père de Léna, et mettait fin à ce
cauchemar.

D'ailleurs, il avait habilement préparé ses
voies. Depuis deux ans environ, il avait poussé
l'ex-chasseur, fort inexpérimenté en fait d'ad-
ministration, dans des dépenses bien au-dessus
de ses revenus, et lui avait avancé les fonds
nécessaires. Devenu son créancier pour une
somme importante, il pouvait, s'il en exigeait
brusquement le remboursement, le ruiner
sans remède. Brandon et Rook étaient donc
dans une situation singulière : chacun d'eux
était rigoureusement au pouvoir de l'autre.
Si l'un y allait de sa tête, l'autre y allait de
toute sa fortune.

Telles étaient les réflexions du planteur en

galopant vers la maison de sa prétendue
fiancée. Fier comme un homme sûr de vaincre,
il s'avança galamment vers la véranda, sous
laquelle il avait aperçu Léna, et son arrivée
différait de façon si opportune une explication
redoutée, que le visage de la jeune fille
s'éclaira quand elle vit son père s'éloigner et
lui laisser le soin de recevoir seule le visiteur.

Alfred Brandon était resté un peu interdit
en découvrant que l'intention manifeste du
vieux chasseur était de le laisser se débrouiller
seul. Malgré son audace, cette physionomie
glaciale lui imposait d'ordinaire.

Quelle ne fut donc pas sa surprise — et son
soulagement — de se voir l'objet d'un accueil si
affable ! Il exécuta le salut le plus gracieux
dont il fut capable, et gravit triomphalement
sans hésiter les marches de la véranda.

Mais quand il se trouva vis-à-vis de son hô-
tesse, sa mine s'allongea quelque peu. Ce visage si joyeux à son arrivée était redevenu
d'une rigidité de statue.

— Au diable les femmes ! gronda-t-il en lui-

même. Sait-on jamais ce qu'elles pensent !...
Bah ! elles ne le savent pas elles-mêmes. Celle-
ci s'est trahie en voyant apparaître un mari
inespéré, et elle affecte l'indifférence, à présent qu'elle se croit sûre de moi. C'est leur
jeu habituel à toutes. En avant donc !

Obligée par son titre de maîtresse de maison
de recevoir poliment les visiteurs de son père,
Léna invita le planteur à prendre place dans un
des fauteuils d'osier rangés sous la véranda, et
fit mine de se retirer.

— Ne voulez-vous pas me tenir un peu compagnie en attendant le retour de Jerry Rook ?
demanda Brandon de son ton le plus enga-
geant. Vous savez le triste événement qui m'a
frappé ?

— Mon père vient de me l'apprendre. Je
m'associe sincèrement à vos regrets.

Le ton de cette réponse était un peu étrange.
Brandon regarda la jeune fille à la dérobée, ne
sachant s'il exprimait la raillerie ou une réelle
sympathie.

— Bah ! reprit-il. Pourquoi s'affliger d'une

chose si ordinaire ! Nous finirons tous ainsi :
le cimetière, c'est toujours notre dernière pro-
menade.

— J'en suis persuadée.

— Et pour celle-là, riches ou pauvres, nous
nous offrons toujours le luxe de nous faire porter jusqu'au bout.

— C'est une vérité incontestable.

Cette lugubre entrée en matière ne semblait
pas devoir conduire rapidement au sujet réel
de l'entretien, et cela d'autant moins, que
les réponses de Léna, brèves et assez énigma-
tiques, n'indiquaient pas de sa part un vif en-
couragement, Mais Brandon, ne voyant toujours
là qu'une fuite habile pour provoquer la poursuite, fit une manœuvre savante.

— Enfin, Léna, dit-il, les vieux s'en vont : il
faut bien qu'ils fassent place aux jeunes, plus
capables et plus forts qu'eux, sinon leurs pro-
priétés péricliteraient bien vite. Ainsi, en ce qui
me concerne, il était temps que je restasse seul
maître de mes plantations, car mon père
menait tout de travers, et me donnait beaucoup

de tracas. Me voilà donc planteur. J'ai une belle maison, de beaux chevaux, beaucoup d'esclaves.

— Cela peut en effet consoler un homme comme vous.

— Eh bien ! le croiriez-vous ? je suis très triste quand même.

— Je trouve tout naturel qu'un fils regrette son père.

— Vous me comprenez mal. Je veux dire que je ne suis pas gai au milieu de tout ce bonheur.

— Ce bonheur ?... Vous voulez dire : cette fortune ?

— C'est la même chose. Mes camarades sont grossiers et n'aiment que les cartes et l'eau-de-vie...

— Mais j'ai entendu dire que vous ne les dédaignez pas.

— C'était bon autrefois. Un jeune homme peut se permettre bien des licences, mais un homme posé ne doit pas s'y abandonner. C'est pourquoi j'ai résolu...

— Je vous fais mon compliment de vos

bonnes résolutions, monsieur Brandon, et j'espère qu'elles seront solides. Je vais voir si
mon père...

— Non, restez ! s'écria le planteur, perdant
patience.

La stratégie — surtout en ce genre de transaction — n'était pas son fort, et il commençait
à trouver que le lièvre qu'il poursuivait se dé-
robait avec l'habileté d'un renard.

— Tenez, dit-il en se levant, j'aime mieux
vous le dire tout de suite, puisque vous n'avez
pas l'air de comprendre. Je croyais que Rook
vous avait parlé, comme il me l'avait promis,
mais je vois qu'il m'a trompé. Vous me plaisez,
je vous ai demandée à votre père, il m'a dit
qu'il savait de source certaine que vous me
feriez bon accueil...

— Vous avez dû mal comprendre, car jamais
mon père n'a eu lieu de supposer chose pareille.

La foudre tombant sur Brandon ne l'eût pas
surpris davantage.

— Comment ! cria-t-il. Moi, Alfred Brandon,

je consens à prendre pour femme la fille d'un
ancien rôdeur de bois, et je reçois l'insulte
d'un refus ! Un planteur n'est pas suffisant
pour une mijaurée qui a couru nu-pieds
la moitié de sa vie ! Peut-être ne jugez-vous
pas un blanc pur-sang digne de vous, belle
dame ? Avec un peu de sang indien dans les
veines, j'aurais eu peut-être des chances de
succès ?

Léna, s'attendant à une explosion de grossie-
reté, avait prudemment passé derrière la lourde
table de bois, qui la séparait maintenant de
son prétendant furibond.

— Je suis seule juge dans cette question, et
n'ai pas de confidences à vous faire. La brutalité
que vous montrez en ce moment ferait comprendre à n'importe qui pourquoi une femme
refuse de vous épouser.

— Eh ! je me fiche qu'on comprenne ! Je
n'entends pas qu'une femme me joue ! Pas plus
que son vieux coquin de père, du reste. Une
dernière fois, Léna, je te répète mon offre...

— Votre seule manière de la faire m'enga-

serait à refuser, quand même je ne vous con-
naîtrais pas autrement.

— Sang-Dieu ! tu t'en repentiras à l'instant
même...

D'un bond, Léna fut en bas de la véranda
et au milieu du chemin.

— Pas un pas de plus ! s'écria-t-elle, ou j'ap-
pelle mon père.

— Ton père ! Appelle-le donc, je serais
curieux d'entendre ses explications. Vieille canaille ! c'est lui qui m'a attiré dans ce piège !
Il a voulu pouvoir se vanter partout que le
planteur Brandon avait été éconduit par sa fille.
Léna, écoute bien ce que je vais te dire. Tu as
un amoureux, sinon tu serais tombée dans mes
bras à mon premier mot. Tremble pour sa peau.
Quant à ton vieux putois de père, je sais par où
le prendre.

Quelques instants après, Brandon descendait
à toute bride l'avenue et disparaissait derrière
les arbres.

X

La revanche de Brandon

Toujours galopant avec fureur, Brandon
arriva à la taverne de Slaughter. Il jeta la bride
à un palefrenier, sauta à terre et se précipita
comme un fou dans la grande salle.

Le Slaughter's Hôtel était bien déchu depuis
que le fils avait succédé au père. Autrefois
hôtel de premier ordre — pour le pays — il
était tombé au rang des tavernes les plus mal
famées. Les affaires n'en marchaient pas plus
mal, au contraire, car les joueurs heureux se
livraient à des orgies, dans lesquelles l'or gagné
passait presque tout entier dans les mains du
cabaretier. Mais celui-ci partageait tous les
vices de sa digne clientèle, et les gains fon-
daient dans ses mains comme la cire au soleil.
Il était presque toujours ivre, et si, au moment
de l'arrivée du planteur, il semblait avoir gardé

sa lucidité, c'est que celui-ci l'avait prévenu d'avoir à rester sobre, une affaire, importante pour tous, devant être discutée ce soir même. Les associés, habitués de la maison, d'ailleurs, étaient déjà dans la petite salle, lieu de réunion ordinaire.

Brandon les avait convoqués dans la matinée, après son entrevue avec Jerry Rook, pour les informer des mesures qu'il allait prendre : son mariage avec Léna, et la suppression de la redevance, par la réunion de la plantation de Rook aux siennes. Certes, à ce moment-là, il était loin de prévoir que tous ces beaux projets avorteraient piteusement devant le seul obstacle non prévu : le refus de la jeune fille. Chemin faisant, Brandon avait exhalé sa colère en une série d'imprécations énergiques. Puis, soulagé probablement, il s'était mis à réfléchir, et maintenant il voyait clairement une chose au moins : Léna aimait quelqu'un et avait certainement déjà engagé sa parole. C'était dans sa vanité que souffrait désormais ce don Juan de taverne. Il eût donné beaucoup pour con-

naître son heureux rival, et tout lâche qu'il
était, la fureur lui eût bien donné le courage
de lui chercher une mauvaise querelle. Quand
il avait fait devant Léna allusion à Pierre, il
n'avait cru que rendre à la jeune fille coup
pour coup, en lui rappelant la perte d'un compagnon pour lequel son attachement était
bien connu. Pour lui, la mort du jeune quarteron n'avait jamais fait l'ombre d'un doute.
Aussi, tout en galopant, il se répétait sans cesse
ce que le vieux Rook se demandait depuis
deux heures : « Qui ce peut-il être ? »

— Allons, patron, du vin frais ! dit Spence.
Buvons à la santé de notre providence. A toi,
Brandon !

— Votre providence !... grommela celui-ci
en prenant place près de la table et en acceptant
un verre. Je ne vois pas comment j'aurai
jamais à remplir ce rôle.

— Bah ! nous t'en sommes reconnaissants dès
à présent, ricana Buck. Tâche donc de mériter
notre confiance et notre estime. Mais d'abord,
que voulais-tu nous dire ?

— Je voulais vous parler de cette affaire...
que le diable l'emporte !...

— Je pense pardieu bien que ce n'est que
pour cette affaire que tu nous a appelés, car
j'ai vu sortir de chez toi ton ami Rook, dont
l'air réjoui était fort déplaisant à voir.

— Diantre ! fit Randall. En effet, il est peu
probable que nous trouvions drôle ce qui fait
rire le vieux putois.

— Vous avez raison, Randall, je le sais depuis
une heure, et c'est sa vieille peau qui me le
paiera, je vous en réponds.

— Tiens, tiens ! dit Buck, qui l'observait
attentivement. Tu m'as tout l'air d'un amoureux éconduit. Est-ce que...

— Mon air ne regarde que moi, entends-tu ?
répliqua Brandon en lançant à l'indiscret un
regard foudroyant.

Et intérieurement, il se dit :

— Serait-ce lui, par hasard ? Et le vieux lui
aurait-il parlé du tour qu'il me préparait ?

Mais rien dans l'attitude de Buck n'indiquait
qu'il fût au courant des mésaventures amou-

reuses de son camarade. Il ne riposta rien à
la furieuse sortie du planteur ; il se contenta
de hausser les épaules et de vider son verre.

— Vous confondez, Brandon, dit Randall en
riant. C'est nous qui regardons votre air, et
nous le trouvons étrange. Vous devez avoir eu
quelque grande contrariété.

— Je le crois ! répliqua Brandon en saisissant cette occasion de détourner de sa vanité
blessée l'attention malveillante. On serait à
moins de mauvaise humeur. C'est dans huit
jours l'échéance.

— Nous le savons de reste, car nous ne
sommes en mesure ni les uns, ni les autres, dit
Slaughter.

— Et le vieux ne nous fera pas grâce d'un
liard, reprit Brandon. Il me l'a dit. Or, je suis
gêné moi-même...

— Oh ! fit le chœur d'un air de doute.

— Je vous répète que je suis très
serré en ce moment. Rook me doit plusieurs milliers de dollars. J'ai essayé une
transaction. Mais il n'a rien voulu enten-

dre, et en partant, il m'a dit pour adieu :
Voyez ce que vous préférez : une cravate
de chanvre, ou votre argent.

Ce conte qui venait de naître tout d'une
pièce dans le cerveau si peu imaginatif de Brandon produisit son effet, bien que les auditeurs
n'y ajoutassent pas strictement foi. Buck surtout resta dur à convaincre.

— Mais, dit-il, je croyais que tu devais tout
arranger au gré de tout le monde. On prétend
que tu dois épouser Léna et...

— Encore ! rugit Brandon en assénant sur la
table un formidable coup de poing. C'est la
seconde fois que tu y reviens. Aurais-tu par
hasard des intentions sur elle ?

— Et si j'en avais ? répliqua Buck d'un ton
menaçant.

— Alors tu en as ?... Tu l'as vue ?... ou bien
Rook t'a dit...?

Les deux rivaux se toisèrent, les yeux
étincelants, comme prêts à sauter l'un sur
l'autre. Randall comprit aisément ce qui se
passait.

— Rassurez-vous, dit-il. Si vous êtes rivaux, je réponds que vous êtes logés à la même enseigne : la belle a pour vous deux une indifférence égale.

— C'est mon avis, dirent les autres.

— Alors, qu'Alfred nous dise enfin ce qui nous intéresse, et terminons.

— Oui, que cela finisse ! reprit Brandon. J'en ai assez. Je ne veux plus vivre dans cette terreur perpétuelle d'une dénonciation. L'histoire est déjà vieille, personne ne pense plus à Choc ; faisons disparaître les preuves qui existent contre nous, et nous aurons la paix.

— Il serait plus simple de faire disparaître le vieux. Nous aurions la paix depuis long-temps, si vous aviez eu un peu plus de courage, dit Spence.

— Je ne cesse de le dire, grommela Buck.

— Je ne m'occupe pas de cela, reprit Brandon, et ne veux, sous aucun prétexte, être mêlé à une seconde histoire de meurtre. J'ai assez de la première. J'ai rêvé souvent de corde, je vous le jure.

— Moi aussi, dit Randall. Je crois plus simple de faire disparaître les restes du nègre. C'est la seule évidence que Rook ait contre nous: comme ni lui, ni sa fille n'ont été témoins du fait, leur serment n'aura aucune valeur contre les nôtres: on le débouterait de sa poursuite.

— Mais songez que le nouveau juge n'est pas très prévenu en notre faveur, et que le tribunal accueillera facilement des accusations lancées contre nous.

— Jerry Rook n'a pas non plus une réputation sans tache, quoiqu'il vive bien calme depuis quelques années. Non, croyez-moi, l'accusation portée par lui n'aura de valeur que s'il peut produire des preuves incontestables.

— En ce cas, nous sommes de fiers imbéciles de n'avoir pas songé plus tôt à une chose si simple, dit Slaughter.

— Mais comment nous en débarrasserons-nous? Il ne faut pas que des ossements se retrouvent...

— Nul n'ira les repêcher là où je compte les
jeter, dit Brandon. Le marais qui est vers la
rivière est très profond à un endroit que je
connais bien, et le fond de vase est si épais que
nous pourrons dormir tranquilles quand Choc
aura fait un plongeon là-dedans.

— D'ailleurs, quelques bonnes pierres suffi-
ront pour le maintenir dans le devoir jusqu'à
la fin du monde.

— Voilà une idée de génie, dit Randall. Plus
j'y réfléchis, plus je vois que c'est le seul
moyen que nous ayons de sortir de cette im-
passe, puisque notre ami ne peut plus répondre
de nos dettes.

— Ce n'est pas trop mal, grommela Buck,
qui semblait plongé dans une profonde médi-
tation depuis son altercation avec Brandon.
Pourtant, la disparition du vieux renard m'ar-
rangerait très bien.

Brandon le regarda à la dérobée, mais ne
dit rien.

— Bah ! laissez-le vivre, dit Randall. Je me
promets, je l'avoue, un certain plaisir le jour

où il découvrira que sa mine d'or est épuisée,
et comme j'ai payé cinq cents dollars ma
place, je désire jouir longtemps du spectacle.

— Vous pourrez en prendre pour votre
argent, et je compte en faire autant, croyez-
moi. Mais deux plaisirs valent mieux qu'un :
j'en aurais un énorme à lâcher ensuite un
coup de fusil sur cette vieille carcasse.

— Il te gêne donc bien ? demanda Brandon
d'une voix sourde, en le regardant bien en face,
cette fois.

— Et toi ? riposta Buck avec insolence.

— Tu crois donc rester maître de la bergerie,
quand tu auras supprimé le berger ?

— Hé, hé ! le berger aurait-il déjà un rem-
plaçant ? Alors, gare au loup !

Cette fois encore, ont eût pu croire que les
deux hommes allaient bondir l'un sur l'autre.
Randall intervint de nouveau.

— Cette question ne concerne que vous, dit-
il ; vous la réglerez quand et comme il vous
plaira. Je vous prie de borner pour le moment
la discussion à ce qui nous a amenés ici. Nous

sommes d'accord quant à ce qu'il convient de faire ; réglons maintenant la manière de l'exécuter. Vous avez proposé le plan, Brandon : à vous la parole.

— C'est bien simple : que chacun de nous se munisse d'une pelle ou d'une bêche. J'apporterai une grande toile. Nous ferons l'exhumation avec le moins de bruit possible, et porterons sans perdre de temps le témoignage en lieu sûr. Il est trop tard pour aujourd'hui, mais demain soir, aux environs de minuit, nous pouvons nous rencontrer dans la clairière, et partir tous ensemble. Car tous doivent prendre part à l'opération.

— Eh bien ! c'est entendu. Rendez-vous demain, à minuit, dans la clairière. Buvons au succès de l'entreprise.

— Au succès de l'exhumation ! et à la santé des fossoyeurs !

— A la santé de notre ami Rook !

On s'abstint prudemment de prononcer d'autre nom. La délibération s'acheva par une des orgies coutumières à l'honorable société.

XI

L'entrevue

Au coucher du soleil, Pierro avertit l'auber-
giste qu'il ne rentrerait probablement que le
lendemain, et s'achemina lentement vers la
plantation de Rook. De longues heures le séparaient encore du moment tant désiré ; ce fut
donc aussi bien pour tuer le temps que par
mesure de prudence, qu'il fit un détour consi-
dérable par les parties les plus solitaires de la
forêt qui avoisine Héléna. Nul habitant de la
ville ne l'avait aperçu ; il s'était tenu enfermé
tout le jour sous prétexte de fatigue extrême.
D'ailleurs, il comptait aussi sur les changements qu'apportent six ans chez un jeune
homme, pour préserver son incognito si par
hasard quelque ancienne connaissance se rencontrait sur sa route.

Chemin faisant, le jeune homme roulait

bien des questions dans sa tête. Un grand apaisement s'était fait dans son esprit maintenant qu'il savait que Léna lui avait gardé la même affection : ce point était le seul qui l'eût fait trembler, et il considérait à présent toutes les difficultés comme insignifiantes. Le consentement de Rook n'était qu'une question d'argent et serait vite obtenu. Mais il restait un autre compte à régler avec Brandon et Buck, les deux meneurs du jeu barbare dont il avait failli être la victime : cette dette-là, tout l'or du monde n'eût suffi à l'éteindre. En évoquant toutes ces choses passées, les doigts du jeune homme se crispèrent nerveusement autour du canon de son fusil.

Cette suite de réflexions l'amena tout naturellement à la liaison qui pouvait exister entre Rook et ses ennemis. Il songea à l'allusion qu'avait faite Léna à la vengeance tirée déjà par son père. Se pouvait-il qu'il y eût réellement une relation entre la fortune si extraordinaire de l'ex-chasseur, et son éloignement si subit à lui, Pierre ?

— Eh ! pourquoi pas ? se dit-il. Malgré tout, j'étais trop inexpérimenté alors pour croire possibles des intrigues de ce genre. J'ai eu des soupçons après avoir entendu sa conversation avec mon père. Mais son air doucereux et l'intérêt qu'il m'a témoigné pendant la dernière semaine de mon séjour chez lui m'avaient leurré à la fin. Certainement il a spéculé sur mon aventure. Et puis, que signifie cette corde suspendue devant sa porte comme ornement ?

Tout en méditant, le jeune chercheur d'or avait atteint le gros peuplier creux qui dominait la plantation. La nuit était venue, mais la lune montait à l'horizon et, à sa clarté croissante, tous les détails du jardin devenaient de plus en plus distincts. Pierre s'assit dans une anfractuosité de l'arbre, d'où il pouvait surveiller la maison sans être vu, et examina les alentours.

Quel changement depuis son départ ! Là où il avait laissé du terrain marécageux et couvert de roseaux, il voyait des arbres fruitiers magnifiques, des champs bien cultivés. Plus

de traces de cette misérable cabane qu'il avait
connue ! Là solitude d'autrefois était peuplée
de nègres qui vaquaient aux différents travaux
de l'établissement. Seul, le lieu qui lui donnait
refuge en ce moment n'avait pas changé :
l'arbre creux où il avait si souvent joué avec
sa compagne était bien toujours le même ;
en revenant s'asseoir sur cette grosse racine,
Pierre avait obéi à une habitude ancienne, ré-
veillée soudain. Dans sa rêverie, il comparait
au passé tout ce que l'état présent lui faisait
pressentir ; d'après la grosseur des arbres, il
comprit que la plantation datait du temps de
son départ. Et quand la lune, montée tout à
fait dans le ciel, illumina le jardin et la maison,
et montra nettement les moindres objets, ses
soupçons sur les intrigues de Rook étaient
devenus des certitudes. Mais une autre idée
croisa alors la première.

— Si ma mort supposée a rendu Jerry Rook
maître de toute cette fortune, se dit-il, mon
retour causera certainement sa ruine. Comment va-t-il accueillir ma réapparition ? Car
j'ai beau être assez riche pour compenser ses

pertes, ceux qu'il a dupés pendant six ans
deviendront ses ennemis mortels. Quand ils
découvriront la supercherie, qui sait ce qui
adviendra ! Seul contre tous, comment réus-
sirai-je à protéger Léna ?... Toutes les ven-
geances leur seront bonnes, je le sais.

Onze heures sonnèrent à une horloge de la
maison. Pierre examina les alentours et re-
gretta de n'avoir pas désigné à Léna un autre
endroit de rendez-vous. Le jardin et la véranda
étaient maintenant baignés d'une clarté
éblouissante, et il fallait traverser un large
espace découvert avant d'atteindre l'allée om-
bragée par les pêchers et qui menait au bois.
Anxieusement, le jeune homme observait une
fenêtre éclairée, et se demandait si l'ex-chasseur n'avait pas conservé sa vieille habitude
de fumer jusque parfois au lever du jour. Tout
le reste de la maison était calme, les esclaves
avaient disparu. Seule, cette fenêtre veillait.

Enfin, elle s'éteignit. Pierre respira plus
librement. Peu après, la porte s'ouvrit lentement, et une silhouette de femme apparut.

— Enfin ! murmura le jeune homme.

Léna gagna rapidement la clôture, la longea
en se baissant, et arriva sous les pêchers,
dans l'ombre desquels elle disparut. Quelques
minutes plus tard, Pierre la serrait dans ses
bras.

— Que tu as tardé ! dit-il entre deux baisers.
Je commençais à désespérer de te voir venir.

— Mon père vient seulement de se coucher,
répondit-elle en lui rendant ses caresses. Il faut
maintenant que je redouble de prudence, car
ses soupçons sont éveillés, et tu sais qu'on ne
lui échappe pas aisément.

Léna raconta ce qui s'était passé après le
départ de Pierre. Son père avait découvert
qu'elle avait parlé à un inconnu sur le bord du
ruisseau. Le dénouement de son explication
avec Brandon l'ayant exaspéré, il était revenu
à la charge. Appuyé du témoignage des nègres,
qui disaient avoir entendu une voix d'homme
au fond du jardin peu après la détonation, il
l'avait si bien pressée de questions que, peu
habituée à mentir, elle avait dû avouer qu'elle

avait en effet parlé au tueur de serpent. Rook
n'avait pu lui arracher d'autres détails. Mais il
s'était montré trop calme après son empor-
tement du début ; Léna était inquiète, car ce
fait révélait chez le vieux chasseur une résolution fermement prise, et la jeune fille s'attendait à subir une surveillance que rien ne
pourrait distraire.

— Es-tu sûre qu'il ne t'a pas épiée ce soir ?
demanda Pierre.

— Rien ne bougeait dans sa chambre, du
moins.

— Bien. J'ai beaucoup réfléchi, ma chère
Léna, et j'ai acquis la conviction que nous
n'avons qu'une ressource : il faut que tu partes
avec moi.

— Abandonner ainsi mon père... ?

— Se fait-il donc scrupule de disposer de sa
fille pour ses seuls intérêts ? Il est furieux,
dis-tu, de ce que tu as refusé Brandon auquel
il doit de l'argent, et qui peut du jour au lendemain faire vendre tout ce qu'il possède.
Mais songe bien à ceci : si nous restons ici, et

que je lui fournisse la somme nécessaire pour
désintéresser son créancier, le prétendant écon-
-duit demeurera notre ennemi implacable et
ce n'est plus au père qu'il s'en prendra.

— C'est vrai, murmura la jeune fille.

— Et Dieu sait de quelles machinations dia-
boliques ces misérables sont capables ! Non,
ma chérie, laisse-moi te mettre hors d'atteinte
avant tout. Puis je reviendrai...

— Me mettre hors d'atteinte ! Qu'aurai-je
gagné alors ? Je ne connais que trop les dispositions de Brandon : en partant, il m'a juré
de se venger, et son amour-propre est trop
grièvement atteint pour ne pas lui inspirer, en
effet, une vengeance diabolique. C'est en toi
qu'il cherchera à me frapper, car dès qu'il te
saura vivant, il comprendra tout, la duperie de
mon père et mon refus, et il t'assassinera
d'abord.

— Je ne doute pas qu'il fasse tous ses efforts
pour cela. Mais je n'aurai pas de main liée ni
de corde au cou, cette fois-ci ; ma partie sera
bonne.

—Non, examine bien ta situation. Tu es seul
ici, tu n'as pas un ami, même en mon père. Je
t'en conjure, ne te hasarde pas dans ce repaire
de bêtes fauves. Que deviendrai-je, moi, s'ils
t'attirent dans un guet-apens et te tuent ? Ils
sont six, ne l'oublie pas. Reste bien caché, et
que tout le monde, mon père surtout, ignore
qui tu es. Je crois avoir facilement raison de
mon père, si je lui démontre que mon mariage
avec toi fera sa fortune...

— Canaille !... Pardon, ma chérie. Continue.

— Je tâcherai de l'amener à quitter secrète-
ment la maison avec nous...

— Avec nous !... Penses-tu, par hasard, que
mon père désire renouer amitié avec lui ?

— Mon Dieu ! murmura Léna, redevenue
toute songeuse. C'est vrai, il ne peut nous
suivre.

— A moins que je ne lui donne de quoi ache-
ter ailleurs un nouvel établissement.

— Tu es donc bien riche, mon bon Pierre ?

—Oui, et l'exploitation, que mon père a con-
tinuée en mon absence, nous enrichit tous les

jours davantage. Ne crains donc pas d'abuser
de notre fortune, et tâche de décider ton père
dans ce sens : c'est la seule issue pour le
moment.

— De ce côté, les difficultés seront insignifiantes, j'en suis certaine. Dès demain, je
veux avoir une solution. Mais alors, je veux
aussi que tu me promettes de renoncer à
toute idée de représailles sur qui que ce soit.
Un profond mépris, voilà ce que méritent les
scélérats qui...

Un rire amer de Pierre l'interrompit.

— Oui, reprit Léna avec feu, je sais ce que
tu penses : ils sont trop lâches pour ne pas se
sentir très heureux d'en être quittes à ce prix.
Eh ! que t'importe leur opinion ! Et que m'im-
porte-t-elle ! Certes, la vengeance me serait
douce, crois-le. Tu as bien souffert, pendant ces
six ans ; mais tu ne peux t'imaginer ce que j'ai
enduré, moi. Et ce Brandon, que j'exècre, a con-
tribué pour la plus large part à tous mes chagrins. Ses assiduités auprès de moi, après le
rôle qu'il avait joué, me le rendaient chaque

jour plus odieux. Mais aujourd'hui, je t'ai, je suis heureuse, je ne veux même plus me rappeler le passé. Si tu m'aimes, tu ne dois plus songer qu'à sauvegarder notre bonheur.

Pierre serra ardemment la jeune fille dans ses bras.

— Je pense comme toi, dit-il, mais je ne puis sentir de même. Est-ce chez moi le sang indien qui bout à la pensée de l'humiliation et des tortures que j'ai subies par ces misérables? Peut-être. Mais je veux qu'ils souffrent ce que j'ai souffert. Je veux qu'ils frémissent sous l'insulte... qu'ils pâlissent de terreur...

— C'est plus que tu n'as éprouvé toi-même, mon brave Choctaw : reste leur supérieur en tout, et écoute-moi. J'ai besoin de réfléchir avant de prendre une détermination, car nous ne disposons que de peu d'heures, et la moindre faute peut nous coûter trop cher pour que nous agissions à la légère. Reviens demain, ici, à la même heure, et jusque-là ne t'inquiète de rien : la journée me suffira pour découvrir ce que trame Brandon

et ce que veut mon père. Alors, suivant l'événement, nous aviserons ensemble à ce qu'il
faut faire.

— Soit, répondit Pierre après un instant. Je
me fie à ta prudence et à ton adresse.

— Maintenant, il faut que je rentre, car mon
père a le sommeil léger quand sa méfiance est
excitée. S'il découvrait que j'ai vu une seconde
fois cet inconnu qui l'intrigue tant, et surtout
s'il te reconnaissait. A demain, mon ami.
Laisse-moi vite partir.

XII

L'arbre creux

Serrant étroitement sur son cœur son amie d'enfance, Pierre lui mit sur le front un long baiser ; puis, à voix basse, il dit :

— Adieu. Demain soir, reviens donc à cet endroit, et tâche d'avoir de bonnes nouvelles à m'apprendre.

Mais avant que Léna pût répondre, il se redressa brusquement : un bruit insolite venait de frapper son oreille, bruit bien faible en vérité, mais de nature à donner l'alarme à un habitant des bois. C'était un léger frémissement dans les roseaux qui bordaient la rivière, ce frou-frou mêlé de craquements qui signale l'approche d'un être marchant avec lenteur et prudence. C'était encore assez éloigné, mais à chaque instant le son devenait plus distinct.

— Quelqu'un approche, murmura Pierre. Serait-ce ton père ?

— Non, fit Léna. Il ne viendrait pas de ce côté...On dirait les pas de plusieurs hommes...

— Les voici... ils paraissent se préoccuper surtout de n'être pas vus de la maison... Ah ! ils se dirigent vers nous...

Un par un, six individus émergèrent du fourré et se redressèrent en atteignant un endroit où les roseaux étaient assez hauts pour dépasser leurs têtes. Là, ils firent halte et semblèrent se concerter. Nos deux jeunes gens ne purent saisir un mot de leur entretien ; mais ils crurent reconnaître que plusieurs portaient des fusils.

La situation de Pierre et de Léna devenait embarrassante. Il était trop tard pour battre en retraite sans être aperçus, et l'ombre du peuplier qui les dissimulait n'allait plus leur être d'aucun secours, car les inconnus devaient forcément passer à quelques pas de là, s'ils suivaient leur première direction. Quels qu'ils fussent, la prudence commandait

à nos amis de demeurer invisibles, car on ne
se met pas en marche à minuit et en s'entou-
rant de tant de précautions si l'on est poussé
par un dessein purement pacifique.

Le cœur battant, la jeune fille se pressa
contre son compagnon, et celui-ci l'entoura
de son bras gauche, tandis que sa main droite
serrait le manche de son couteau de chasse :
la bande s'était remise en mouvement et
approchait à pas de loup.

Enfin une même idée traversa l'esprit des
deux jeunes gens : l'arbre qui les abritait, et
au pied duquel ils avaient si souvent joué
autrefois, cet arbre était entièrement creux...
Mûs par une même impulsion, ils reculèrent et
se glissèrent dans l'énorme cavité où un
cheval eût aisément trouvé refuge. Là, ils
étaient en sûreté. Les six mystérieux per-
sonnages, parvenus sous le peuplier, avaient
fait halte de nouveau, en atteignant la large
nappe d'ombre qu'il jetait d'un côté, et deux
pas à peine les séparaient de la cachette, mais
celle-ci était aussi ténébreuse que l'oubliette

la plus profonde ; celui qui en ignorait l'existence ne l'eût même pas devinée. Seulement,
ces gens l'ignoraient-ils ? C'est ce que se de-
mandaient anxieusement nos deux captifs.

Leur étonnement redoubla quand ils recon-
nurent que ces objets qu'ils avaient vus briller
aux rayons de la lune étaient non pas des fusils,
mais de larges pelles et des bêches. A la façon
dont ils les maniaient et éprouvaient le sol,
on pouvait conclure que les inconnus allaient
creuser sur le lieu même. Mais quoi ? une tombe
peut-être... la tombe d'un homme assassiné
par eux ? Sinon, auraient-ils choisi cette heure
mystérieuse pour leur sinistre besogne ?

Cette réflexion se présenta tout naturellement à Pierre, tandis que Léna tendait
l'oreille vers une fente de l'écorce, avide de
reconnaître au moins à la voix ceux dont elle
ne pouvait distinguer les traits.

Enfin les individus haussèrent le ton.

— Mais, dit l'un avec impatience, où ce sa-
tané monticule peut-il être ? Voyons ! personne
ne va-t-il savoir, à présent !

— Moi, je crois que c'est un peu plus bas, répondit une voix qui fit tressaillir Léna. Tenez, ce doit-être pas loin d'ici : voilà des mottes de terre qui semblent avoir été rapportées.

L'homme, selon toute apparence, tâtait des mains le sol. Léna se pencha vers l'oreille de Pierre et murmura :

C'est Alfred Brandon.

Ce fut le tour du jeune homme de tressaillir. Mais il se contint : la conversation à l'extérieur venait de reprendre.

— C'est ici qu'il faut creuser, dit Brandon. A l'œuvre.

Les porteurs de bêches se mirent à l'ouvrage, puis vinrent ceux qui avaient des pelles. Pendant quelques instants, on n'entendit plus que le choc du fer heurtant parfois des pierres, malgré les précautions évidentes des travailleurs pour opérer sans bruit.

— Je me demande si le vieux coquin l'a fourré là bien profondément, reprit une voix.

Léna se pencha de nouveau vers l'oreille de

Pierre pour chuchoter : « C'est Bill Buck ».

— Il est bien trop fainéant pour avoir creusé
beaucoup, repartit un autre, que Léna reconnut
aussitôt pour Slaughter. Nous allons y arriver
bientôt.

— Croyez-vous qu'il y ait un cercueil ? demanda quelqu'un.

— Spence ! pensa Léna.

— Certes que non, fit un autre — c'était
Randall. — Le vieil avare respectait plus son argent que le corps d'une créature comme Choc.
Et comme le moricaud n'avait pas un seul
ami, je parierais le trouver dans ses vêtements,
si je n'étais sûr que le vieux se les est réservés
pour son propre usage.

— Pierre, murmura Léna en se serrant
tremblante contre lui, ce sont les six
qui...

Pierre ne répondit pas. Cette scène bizarre
et si imprévue éveillait en lui à la fin tant de
haine et d'appréhensions qu'il serrait contre
lui convulsivement la jeune fille, dans sa
crainte de ne pouvoir se maîtriser comme la

prudence le commandait. Enfin il parvint à
redevenir maître de lui et écouta.

— Nous sommes au fond, dit l'un. Je cogne
sur un endroit très dur.

— Peut-être le vieux a-t-il bien piétiné
dessus, répliqua-t-on avec un gros rire.

— Silence donc, maladroits que vous êtes !
dit Brandon. La maison n'est pas à cinquante
mètres, et le vieux blaireau qui l'habite ne
dort jamais que d'un œil. S'il nous entend,
vous savez quelles seront les suites.

Ses camarades se redressèrent et jetèrent un
regard vers l'endroit indiqué, puis reprirent
leur travail sans un mot.

Instinctivement, Léna avait aussi porté les
yeux dans cette direction. Mais si rien
n'avait frappé les fossoyeurs nocturnes dans
ce rapide examen, elle y avait remarqué, elle,
quelque chose d'inquiétant : la porte, soigneusement refermée par elle une heure aupara-
vant, était ouverte. En scrutant l'ouverture
béante, vive tache noire sur la façade éblouissante, elle distingua une forme humaine immo-

bile. Puis, l'homme sortit, descendit vivement les quelques marches, et disparut en un instant dans l'ombre de la haie. Un objet qu'il portait à la main lança un éclair sous la clarté de la lune.

Cette fugitive apparition avait échappé entièrement aux travailleurs. D'une légère pression sur le bras, Léna avait éveillé l'attention de son ami. Pierre avait reconnu sans hésitation l'homme qui venait de se précipiter dans le jardin, ainsi que l'arme qu'il portait. Les pressentiments de Brandon étaient justes : le vieux blaireau partait en chasse.

Rook avait-il aperçu la bande, ou seulement entendu le choc des pelles ? Pierre n'eût pu le dire, car la rapidité du mouvement avait déjoué toute observation. Mais une chose était hors de doute : sous l'abri des arbres qui formaient une ligne ininterrompue jusqu'au bosquet où dominait le peuplier creux, le vieux chasseur approchait, comme un félin qui rampe vers sa proie.

La voix de Bill Buck s'éleva de nouveau.

— Le diable me brûle si ce n'est pas le vrai fond, disait-il avec un accent de colère con-

entrée. Je jure que depuis Noé, cette terre
a vu ni pelle, ni pioche. Essayez vous-
même si vous ne me croyez pas, Brandon.

Brandon saisit une pelle et frappa avec pré-
caution à l'endroit indiqué, puis fit de même
d'autres places.

— C'est vrai ! marmonna-t-il. Jamais ce sol-là
a reçu un coup de pelle.

— Il n'y a jamais eu de tombe ici, dit Randall.

— C'est clair comme la lune en ce moment,
car le diable ! gronda Buck. Ce vieux Satan
e Rook s'est moqué de nous sans interrup-
ion pendant six ans.

Un éclat de rire bruyant partit de derrière
n arbre.

Les six complices sursautèrent comme si
e cadavre cherché se fût subitement dressé
evant eux, et les plus braves eux-mêmes se
entirent pâlir. Mais leur terreur ne fit que
hanger de nature quand, toujours riant, un
omme sortit de derrière un tronc voisin.

Tous s'écrièrent d'une seule voix :

— Jerry Rook ! Mille diables !

XIII

Explications orageuses

— Parbleu, mes dignes messieurs, dit Rook, ma présence dans ma propre plantation n'a rien de fort surprenant. Mais pourrais-je savoir ce qui me vaut l'honneur de votre visite à cette heure extraordinaire ? Pourquoi avoir poussé la discrétion jusqu'à ne pas entrer par la porte d'honneur ? Mais, pardieu, je vois que je vous dérange. Que faisiez-vous donc quand je vous ai interrompus ? Quoi ! vous creusiez une fosse ! Bizarre amusement ! Car je ne pense pas que vous vous soyez chargés du soin d'enterrer un mort. Ou bien, chercheriez-vous un trésor, par hasard ?

Nul ne lui répondit : chacun songeait à part soi au parti qu'il fallait tirer de l'aventure.

— Hé hé ! si vous cherchiez un trésor, n oubliez pas, jeunes gens, que ce terrain est à
moi, et que tout ce qu'il peut contenir m'ap-
partient aussi.

Même silence. Buck commençait à tour-
menter dans sa gaîne son couteau de chasse.
Rook s'en aperçut-il ? Toujours est-il que, sûr
que la bande n'avait pas de fusils, il affecta de
jouer avec le sien d'un air négligent.

— Ainsi, Maître Buck, reprit-il, vous croyez
que le vieux Rook s'est moqué de vous pendant six longues années ?

— J'en fais le serment ! grommela Buck.

— Et moi aussi, dirent les autres d'un ton
menaçant.

— Comme vous êtes d'accord ! Vous étiez
faits pour vous rencontrer et rester des modèles
d'amitié. Ah ! j'avais aussi un ami ! Mais, hélas !
vous savez comment il est mort !

— Ah ! vieux scélérat ! gronda Brandon en
faisant un pas vers lui, sa lourde pelle à la main.
Est-ce à toi de rappeler ta double trahison ?
Mon père t'a payé pour que tu lui livres Tar-

leton, et Tarleton t'a payé pour le laisser fuir !
Puis...

— Canaille ! interrompit Buck en s'avançant
également, et levant sa bêche... Ne vaudrait-il
pas mieux l'assommer de suite pour profiter
de cette fosse....?

— Messieurs, riposta Rook en levant son
fusil, n'oubliez pas que mon arme est célèbre.
Avant que vous m'ayez porté un coup, j'aurai
jeté quatre de vous par terre.

— J'ai assez de cette comédie dont nous
sommes dupes et qui nous ruine, reprit
Slaughter. Choc n'est pas mort, vieux coquin,
et tu me restitueras ce que tu m'as volé, sinon
tu sauras de quelle longueur est mon poignard.

— Oui-dà ! parce que vous ne trouvez pas
où vous pensiez le cadavre de votre victime,
vous vous proclamez innocents ? Vous me
croyiez, certes, peu malin, si vous me suppo-
siez capable de laisser à votre portée la seule
preuve que j'eusse contre vous. Quant à vous,
par exemple, vous êtes de fiers imbéciles de ne
pas vous être avisés plus tôt de ce que vous

faites. Ha ! ha ! ha ! Je vous l'aurais laissé-là, bien indiqué par un tertre, de crainte d'erreur et de recherches inutiles ! Non, jeunes gens, le vieux Rook n'est pas encore un nigaud de cette force. Vous n'irez pas chercher Pierre là où il est, c'est moi qui vous le dis.

— Nous aussi, nous saurions mettre une vieille carcasse à l'abri des indiscrétions, dit Buck, avec une expression féroce qui fit frissonner Léna. Depuis longtemps, la main me démange...

— Offre-la moi donc sans retard, ricana l'ex-chasseur en le couchant en joue. La lune a eu l'obligeance de te rejoindre, et tu fais une belle cible. Mais causons plutôt gentiment, comme des gentlemen que nous sommes tous. Si vous êtes las de cette combinaison, pour varier un peu, je vais vous proposer autre chose.

— Parlez, dit Randall qui, seul, n'avait pas pris part aux manifestations hostiles, mais n'avait cessé d'observer Rook autant que le permettait l'obscurité où il se maintenait. Seulement, n'essayez plus de nous jouer : c'est

fini. Vous regrettiez tout à l'heure de n'avoir
pas d'ami : eh bien, c'est un vrai conseil d'ami
que je vous donne là, ma parole !

— Cela ne me surprend pas de votre part,
Maître Randall. Voici donc ma proposition :
chacun de vous me paiera en une seule fois
cinq cents dollars à la prochaine échéance,
c'est-à-dire samedi. Moyennant quoi je vous
donnerai un reçu définitif, et ne vous réclamerai
jamais plus rien.

Un moment de silence accueillit ces paroles.

— Pour ma part, je serais assez disposé à
accepter ce compromis, dit enfin Randall. Mais
j'y vois quelques objections à faire.

— Et moi aussi, dit Brandon.

— Prenons donc le temps de réfléchir, reprit
Randall. Nous vous rendrons réponse d'ici peu.

— Prenez tout votre temps, riposta Rook
d'un ton bref. Mais songez qu'il ne doit pas
dépasser la semaine, donc samedi. Si ce jour-là
mon argent ne m'est pas compté d'une façon
ou d'une autre, c'est moi qui opérerai une
exhumation. Mais pour faire les choses plus

correctement, j'inviterai les magistrats de la ville à assister à la cérémonie.

— Entendu.

Les six fossoyeurs improvisés, fort penauds de s'être laissé attraper une seconde fois, reprirent leurs instruments et s'éloignèrent par le bois sans ajouter une parole.

Rook les suivit des yeux jusqu'à ce que les arbres les cachassent complètement. Puis, tout pensif, il rejeta du pied la terre dans la fosse et la piétina. Mais avant d'avoir terminé sa besogne, il s'arrêta et se croisa les bras comme un homme qui songe profondément.

— Cela se gâte ! grommela-t-il à mi-voix. Et s'ils refusent de payer et m'obligent à exécuter mes menaces ?... Ce diable de Brandon est trop content de me tenir pour me laisser échapper si facilement, c'est sûr. Il voudra se venger de la sottise de Léna... A propos, où cette fille peut-elle avoir passé ? Elle s'est dirigée par ici. Sans doute, c'est le tueur de serpent qu'elle est venue remercier... Tonnerre ! si je l'attrape, celui-là, il ne tournera plus la tête à aucune femme, j'en réponds...

Tout entier à cette nouvelle idée, le chasseur se mit à examiner le terrain aux alentours de l'arbre. Mais les six visiteurs nocturnes avaient tout piétiné ; jusque sur les bords du ruisseau, on ne distinguait plus que leurs pas. Même aux alentours de la passerelle, aucune trace fraîche n'était visible. De plus en plus préoccupé, le vieillard resta encore un moment pensif.

—Imbécile que je suis ! fit-il enfin. Comme s'il était difficile de savoir où ils se cachent !...

Il lança un coup de sifflet strident en se tournant vers la maison.

—Oh ! murmura Lena en se pressant davantage contre Pierre. Nous sommes perdus : les chiens vont nous découvrir en un instant...

Quelques secondes après, un énorme dogue apparut près de Rook et, sur l'ordre de son maître, se mit aussitôt en quête. Il lui fallut moins de temps que n'en demande le récit pour arriver près de la cachette de nos deux amis, et là, appliquant son terrible mufle sur

ne fente du tronc, il resta en arrêt, grondant
avec fureur.

— Tiens ! dit Rook en s'élançant vers lui.
C'est donc là que gît le lièvre ? Allons ! hors
de là, mon garçon, ou je tire.

Tout en proférant sa menace d'un ton qui
montrait qu'elle n'était pas vaine, le chasseur
avait introduit le canon de son fusil dans une
brèche. Léna ne savait que trop ce qui allait
s'ensuivre ; elle dit vivement à Pierre : « Ne
bouge pas », et s'élança dehors.

— Ah bah ! s'écria Rook en voyant sa fille
apparaître. Toi, là-dedans ?... Et qu'y fais-tu,
mademoiselle la princesse ? Est-ce là le château
que tu préfères à la maison que t'offrait
Brandon aujourd'hui ?

— Ne méprisez pas ce château, mon père,
puisqu'il m'a permis d'échapper à ces coquins
que vous venez de chasser.

Le visage de Rook se rembrunit encore.

— Ah ! ah ! tu as donc tout vu et entendu ?...

— Non, interrompit vivement la jeune fille,
les sons n'arrivaient que très indistincts, car

je m'étais blottie dans le coin le plus éloigné de l'entrée. J'ai reconnu la voix de Brandon, à un moment où il était tout près de
l'arbre. Alors j'ai facilement deviné qui étaient
les autres.

— Et après leur départ, pourquoi ne t'es tu
pas montrée ?

— J'ignorais s'ils étaient bien réellement
partis.

Le vieillard garda un moment le silence.
Certes, il ne croyait guère ce que disait Léna,
mais une certaine crainte de sa fille lui était
venue depuis les derniers événements, crainte
qu'il ne s'expliquait pas lui-même. Il sentait
maintenant en elle une puissance cachée et,
prudent par instinct, il jugea sage de la mé-
nager d'abord.

— Enfin, reprit-il, tout cela ne m'explique
pas ce que tu avais à faire ici à pareille heure,
quand tout devait me faire croire que tu dor-
mais à poings fermés.

— C'est justement parce que je ne pouvais
dormir que je suis sortie un moment. La scène

que m'a faite ce grossier planteur m'avait tellement énervée...

— Hum ! tu l'as bien provoquée, cette scène énervante. Enfin, ce qui est fait est fait. Rentrons.

Léna obéit avec empressement et suivit son père qui se dirigeait déjà vers la passerelle. Elle espérait que le dogue, calmé en la reconnaissant, l'accompagnerait sans résistance. Sous prétexte de le caresser, elle l'avait saisi par son collier et s'efforçait de l'entraîner. Mais quand il vit qu'on voulait l'éloigner, il se dégagea par une brusque secousse, retourna d'un bond à l'arbre, et là, le museau appliqué sur la fente du tronc, il se remit à gronder avec plus de furie que la première fois.

Léna frémit : le départ de son père n'avait été qu'une feinte. Le chasseur fut près de l'arbre presque aussitôt que le chien, et, avec un ricanement sauvage, il passa de nouveau le canon de son fusil dans la brèche. Mais avant qu'il eût le temps de presser la détente, Pierre s'élança dehors. D'un coup de son coutelas, il

se débarrassa du dogue qui lui avait sauté féro-
cement à la gorge, et quand Rook, qui avait
fait un pas en arrière, voulut le mettre en joue,
le jeune homme bondit vers lui, et empoigna
l'arme d'une main si ferme, que le vieillard ne
put en faire aucun usage.

Il y eut un moment de silence qu'interrom-
pirent seuls les faibles râles du chien expirant.

Léna, tremblante d'émotion, avait gardé
assez de présence d'esprit pour comprendre
que toute intercession de sa part ne ferait
qu'aggraver les griefs de son père contre
Pierre, et ce dernier, le moins ému des trois,
attendait, curieux de voir si son ancien « pro-
tecteur » le reconnaîtrait. Quant à Rook, intri-
gué au plus haut point, il examinait avide-
ment les traits de cet étranger, et il éprouvait
le sentiment vague d'avoir déjà aperçu ce
visage.

— Eh bien, jeune gentleman, dit-il enfin en
voyant que l'autre ne se décidait pas à parler,
mais ne semblait pas intimidé le moins du
monde. Est-ce ainsi qu'on s'introduit chez

d'honnêtes gens quand on a d'honnêtes intentions? Au milieu de la nuit...

— Oh! maître Rook, interrompit Pierre en
riant, ce clair de lune vaut bien le plein jour.
Vous ne pouvez m'accuser de m'être glissé
chez vous à la faveur de l'obscurité.

— Eh... eh! monsieur est beau parleur, dit
d'autres l'avaient constaté avant moi, paraît-il.
Pourrai-je savoir le nom du noble visiteur que
ma fille reçoit ainsi en plein bois à pareille
heure?

— Ne vous fâchez pas, maître Rook, nous
n'étions libres de choisir ni l'heure, ni le lieu,
et l'arrivée subite de cette bande d'individus
que j'ai pris pour des malfaiteurs, nous a obli-
gés à nous cacher au plus vite. Ce que je
porte sur moi dans mes poches ferait de moi
une trop bonne prise pour que je m'expose
inutilement seul contre six.

— Ma foi, vous ne vous trompiez de guère
sur leur qualité. Mais tout cela ne me dit pas
qui vous êtes et pourquoi vous êtes là.

— Je suis arrivé hier de Californie.

Rook fit un mouvement de surprise.

— Car, poursuivit Pierre, ayant fait fortune et me trouvant délivré des soucis matériels, j'ai pu écouter enfin les sentiments qui m'appelaient ici. Allons, maître Rook, reprenez votre fusil, et reconnaissez votre ancien élève : la chasse à l'or lui a mieux réussi encore que la chasse aux bêtes.

— Pierre Robideau ! murmura le vieillard, qui ne prit plus la peine de cacher sa stupéfaction. Et qu'es-tu venu faire ici ?

— Vous demander Léna en mariage.

Rook demeura un moment silencieux.

— Nous causerons de cela dans la maison mieux qu'ici, dit-il enfin. Rentrons.

Léna suivit sans mot dire les deux hommes qui, eux aussi, firent le court trajet sans prononcer une parole. Pierre tenait à ne pas distraire le vieil avare des calculs dont il lui avait habilement fourni les éléments.

— Allons, assieds-toi là, dit Rook, en indiquant au jeune homme un siège près de la table, dans la salle à manger. Et toi, Léna, donne-nous une bouteille de vin et laisse-nous causer.

Léna ne cherchait qu'un prétexte pour s'éloigner : sa présence eût rendu impossibles à Pierre certaines explications trop délicates. Dès qu'elle eut apporté ce que désirait son père, elle s'esquiva.

— Tu disais donc, reprit Rook en emplissant les verres, que la chasse à l'or t'a réussi ? Tu es devenu très élégant, ma foi, comme il convient en effet à un homme riche.

— J'allais vous adresser le même compliment, Rook, dit Pierre. Quand j'ai quitté, il y a six ans votre vieille hutte, je ne prévoyais guère une transformation pareille. Avez-vous donc trouvé de l'or, vous aussi ?

Rook reçut le coup sans sourciller : il l'attendait.

— Allons, mon garçon, répliqua-t-il, jouons cartes sur table. Tu n'as pas perdu un mot de ma conversation avec ces six vauriens.

— Pas une syllabe.

— Alors tu dois comprendre que ton arrivée est ma ruine.

— Vous n'en croyez pas un mot ; rappelez-

vous qu'il est toujours dangereux de faire tout
haut ses réflexions dans une forêt. Vous m'avez
appris tout, vous-même.

— Bon, tu as réponse à tout. Mais tu con-
viendras bien que cependant tu causes ma ruine.
Brandon aime trop Léna pour que je ne par-
vienne pas à la mettre dans mes intérêts si tu...

— Léna le hait et le méprise.

— Bêtises que tout cela ! Quand elle sera
Madame Brandon, et qu'elle aura belle voiture,
beaux chevaux, belles toilettes, des esclaves...

— Quand elle sera Madame Robideau, elle
aura tout cela, et, par-dessus le marché, un
honnête homme pour mari.

— Eh ! que le diable emporte l'honnête ho...
Je veux dire que tout ça, ce sont des phrases,
cria Rook, qui ne pouvait plus se contenir.
Brandon me tient, je suis son débiteur, et
j'aurai besoin encore longtemps de la pension
qu'il me fait. Léna partie, je suis la proie de cette
canaille. Il ne me pardonnera rien, l'humiliation
du refus de ma fille moins encore que le reste.
Après ma fortune, c'est ma peau qu'il lui faudra.

— Calmez-vous, Rook, et écoutez-moi. Je ne veux pas récriminer sur le passé, je veux simplement rappeler des faits. La dénonciation de mon père vous a rapporté une bonne somme, je le sais maintenant. Puis, durant six ans, vous avez exploité une situation des plus cruelles pour moi... Vous ne nierez pas que je vous ai été d'un bon rapport, car tout ici le proclame.

— En tout cas, cela ne t'a fait aucun mal.

— Quant au mal que cela m'a fait, je n'en parlerai pas, car vous ne pourriez le comprendre, et vous diriez encore que je fais des phrases. Mais une chose est certaine : mon père, et moi surtout, nous avons été pour vous un capital sans lequel vous ne seriez encore aujourd'hui qu'un chasseur en guenilles, vivant péniblement de sa chasse, et logé dans une cahute. J'ai donc le droit de réclamer ma part du bénéfice fait à mes dépens. Donnez-moi Léna, et je vous tiens quitte.

— Mais sacrebleu ! cria Rook, en frappant du poing sur la table, comprendras-tu enfin que ç'est me mettre moi-même la corde au cou !

— Ne parlons pas de corde, j'ai besoin de
rester calme. Alors, que vous faut-il encore ?

— Me donner les moyens de quitter le pays.
D'abord, la somme nécessaire pour payer
Brandon.

— Bon, j'y consens.

— Puis me remplacer la rente qu'il va certainement cesser de payer.

— Comme je dois retourner le plus vite possible en Californie, je vous laisserai dès à présent une somme que nous fixerons. Vous ferez
bien de vendre votre plantation, ou de la laisser
en paîment à Brandon, et d'aller vous fixer loin
d'ici. Ce sera prudent.

— Je verrai, répondit évasivement Rook,
soudain calmé. J'y réfléchirai.

— Alors, c'est entendu. Ce matin même,
nous irons à Héléna faire célébrer mon mariage avec votre fille...

— Diable ! laisse-moi le temps de respirer...

— Vous respirerez ensuite tout à loisir. Léna
sera d'accord avec moi, j'en suis certain, pour
terminer tout au plus tôt. Je vous comp-

terai la somme, et nous nous dirons adieu,
sans rancune.

—Allons, puisqu'il le faut absolument, je consens. Il est trop tard —ou plutôt trop tôt —pour
retourner à ton auberge, et je t'avoue que je
tombe de sommeil. Je vais te conduire dans la
chambre d'amis. A l'aube, nous recauserons
de cela.

Rook alluma une petite lampe et mena son
hôte à son appartement. Il lui tardait de se
retrouver seul ; un nouveau projet venait de
germer dans son esprit, et, loin de se coucher
pour goûter le sommeil dont il prétendait tant
éprouver le besoin, il alluma sa pipe, s'étendit
dans un fauteuil, et, à la poétique clarté
de la lune, il s'abandonna aux pensées les
plus terre-à-terre qu'ait jamais roulées cerveau humain. Le problème dont il cherchait en
ce moment la solution était simplement celui-
ci : puisque tout le monde ignorait le retour
du quarteron, trouver le moyen de se faire continuer la pension de Brandon, tout en gar-
dant à la fois l'argent de Pierre et la plantation.

XIV

De surprise en surprise

En reprenant fort piteusement le chemin de leurs pénates, les dignes collègues ruminèrent en silence les événements de la soirée. Mais aucun n'avait trouvé encore un avis à émettre, quand Brandon s'arrêta à l'entrée du chemin qui conduisait directement chez lui.

— Vous nous quittez déjà ? demanda Randall en fronçant le sourcil.

Les autres exprimèrent un mécontentement égal.

— Venez avec nous, dit impérieusement Buck. La situation est assez grave pour que nous examinions sans tarder les moyens qui nous restent de réduire ce vieux démon.

— C'est justement parce qu'elle est grave

que je veux y réfléchir à tête reposée, répondit Brandon. Trouvez-vous à huit heures chez Slaughter. J'espère avoir du nouveau à vous apprendre quand je viendrai vous y rejoindre.

Il y eut un moment d'hésitation, pendant lequel personne ne chercha à donner à Brandon la moindre illusion sur le degré de confiance qu'on lui accordait. Randall, d'esprit plus net que ses camarades, comprit le premier qu'il ne fallait pas irriter l'homme de qui ils allaient peut-être tous dépendre.

— Comme vous voudrez, dit-il. Pensez au salut général. Nous allons en faire autant chacun de notre côté. Puis nous discuterons des propositions. Donc, à huit heures chez Slaughter.

Brandon s'éloigna à grands pas d'abord. Puis, quand un détour du chemin l'eut mis hors de vue, il ralentit sa marche, alluma un cigare, et s'achemina tout pensif vers sa maison.

La vérité est qu'il n'avait quitté ses alliés que parce qu'il éprouvait, après tant de se-

cousses, le besoin de ressaisir ses idées. L'espoir
qu'il avait exprimé pour apaiser ses complices
n'était qu'un mot en l'air, l'expression d'un désir
ardent. Mais il n'entrevoyait même pas un
moyen de le réaliser, et pour l'instant, il ne
cherchait que la solitude et un temps de répit.

— Mordieu ! c'est avoir peu de chance, pensait-il en avançant lentement, les mains derrière
le dos. Je risque trois mille dollars; je m'attire
un affront sanglant de cette petite mijaurée...
Et peut-être tout cela n'est-il rien auprès de ce
qui m'attend encore... Damnation ! Ce vieux est
trop rusé pour moi. Je me demande si Buck
n'a pas raison, quand il veut lui régler son
compte... Après tout, puisqu'il s'en charge, je
n'aurais qu'à le laisser agir... Quand il aura fait
le coup, je pourrai donner l'éveil à la police,
sans faire de bruit... Et alors, dame, c'est moi
qui resterai maître du terrain. Miss Léna, à
nous deux, ce jour-là ! Tu sauras ce qu'il en
coûte de m'insulter en face comme tu as eu
l'audace...

Brandon se redressa, le visage triomphant. Sa

résolution était prise : au point où il en était, une canaillerie de plus importait peu.

Tout à coup, un violent aboîment retentit dans la direction du bois que le planteur venait de quitter. Puis il y eut un hurlement de douleur, un râle, et tout rentra dans le silence.

— C'est là-bas, se dit Brandon en jetant son cigare et revenant rapidement sur ses pas. Que signifie ce bruit ?

Parvenu à une petite distance, il s'arrêta : la voix de Rook s'entendait distinctement ; une voix d'homme lui répondait. Il était impossible de distinguer les mots, mais le ton du vieux chasseur était irrité au dernier point. Curieux de voir ce qui se passait, Brandon essaya de s'approcher encore. Mais il lui fallait pour cela entrer dans le bois, et risquer, par conséquent, d'être aperçu si les deux hommes venaient vers la route. Il resta donc près de la clôture de la plantation, et tendit l'oreille.

Quelques minutes s'écoulèrent, puis des pas firent grincer le sable de l'allée qui longeait la palissade. La nécessité de se cacher derrière

les massifs de bordure l'empêcha de voir les
gens qui passaient. Mais il reconnut, au pas,
qu'il y avait trois personnes. Son espoir de
saisir quelques mots au vol fut complètement déçu, car aucun des trois ne desserra
les dents. Brandon les laissa prendre de
l'avance ; puis, marchant dans l'herbe, pour
étouffer tout bruit, il atteignit le portail au
moment où les inconnus montaient l'escalier
de la véranda et se trouvaient en pleine
lumière.

— Rook et Léna, murmura Brandon. Mais qui
diantre est ce grand gaillard qui porte un fusil ?

A sa profonde surprise, la salle à manger
s'éclaira, et, la fenêtre étant grande ouverte, il
vit le vieillard offrir un siège au jeune homme,
s'asseoir en face de lui et lui verser à boire.

— Par la potence de Belzébuth ! grommela
le planteur, voilà qui devient intéressant. Ils
vont discuter quelque chose, c'est clair, car je
vois le nez du vieux renard se mettre en
quête... Il faut que je sache ce qu'ils ont à se
dire... Oui, mais si les dogues sont là...

Brandon inspecta les environs autant que faire se pouvait, et n'aperçut rien d'inquiétant. D'ailleurs, il pensa que si quelque chien s'était trouvé à proximité, il eût depuis longtemps donné l'éveil. Rassuré par cette idée, il chercha et trouva bientôt un passage dans les buissons qui formaient la clôture de ce côté. Il se glissa par cette ouverture avec l'habileté d'un voleur, et arriva sans encombre sous la fenêtre. La conversation était déjà engagée quand il se trouva à portée d'entendre, mais dès les premiers mots qui lui parvinrent, sa surprise fut telle, qu'il ne put retenir un juron et faillit se trahir lui-même. Heureusement pour lui, les deux causeurs étaient trop absorbés par leurs propres affaires pour prêter attention à ce qui se passait dehors. Pâle, les dents serrées, Brandon entendit l'entretien jusqu'à la fin, et telle était son émotion, que tout était depuis longtemps redevenu tranquille dans l'habitation, quand il songea à reprendre le chemin de chez lui.

— Ah! mordieu! murmura-t-il. Je promettais

du nouveau aux camarades, mais si je croyais si bien dire !... Pierre Robideau vivant !... et riche d'une mine d'or !... Le vieux a cédé... Léna...

Brandon frappa violemment du pied et proféra un épouvantable juron.

—Voilà donc le pot aux roses ! Elle savait tout, et elle a secondé le vieux dans son fameux jeu de la corde ! Ah ! cette corde a cessé d'être pour toi un porte-chance, c'est Alfred Brandon qui te le jure.

—Mais pourtant, fit-il après un moment de réflexion, non, Léna n'en était pas, sinon elle ne m'aurait pas refusé après que son père m'avait invité à faire ma déclaration. A moins que tous deux n'aient été d'accord pour m'attirer dans le piège et me rendre ridicule. Dans quel but, alors ? Ma foi, je n'y comprends rien... Elle l'attendait, pourtant, ce moricaud...

Brandon arriva chez lui, mais le sommeil était trop loin de lui pour qu'il eût le désir de se coucher. Il ralluma un autre cigare, s'étendit sur un divan et se mit à réfléchir. Mais, tandis

qu'à cette même heure, Rook voyait les choses
de plus en plus roses, Brandon s'irritait davantage à mesure qu'il s'égarait dans les conjec-
tures. Il finit par se lever d'un bond et, furieux,
lança son cigare par la fenêtre.

— Il n'y a là-dedans qu'une chose claire et
évidente s'écria-t-il : Léna aime ce moricaud, et
c'est lui qu'elle me préfère. Damnation ! Etre
supplanté par le fils d'un assassin et d'une es-
clave ! Mille fois non ! et quand il m'en coûterait
la moitié de mes biens ! A nous deux d'abord,
Master Robideau ! Et voyons si mes camarades
vont penser comme moi.

XV

Corde pour corde

Peu après le lever du soleil, Léna et Pierre se mirent en route pour Héléna. Après mûre réflexion, le vieux chasseur avait donné son consentement au mariage de sa fille, mais à la condition qu'il serait tenu secret et que les jeunes époux partiraient le jour même pour leur nouvelle résidence, sans que Pierre eût été remarqué et surtout reconnu. Pour éviter à Léna le dégoût de discussions d'argent dans cette circonstance, le jeune homme avait pris à part son beau-père, et lui avait remis une liasse de banknotes dont l'épaisseur avait fait reluire les yeux du vieil avare. Cette importante question réglée, Rook avait promis de s'occuper des chevaux en attendant le retour des fiancés, et, grâce au peu de formalités qu'exige la loi de ces pays, deux heures après, Monsieur et Madame Robideau reprenaient le chemin de la plantation. Vu l'heure matinale, Pierre ne craignit pas de pousser jusqu'à l'auberge où il avait laissé son cheval et sa valise : ses six ennemis, harassés de leur veille, ne pouvaient être encore hors de leurs lits. En effet, il emmena sa monture sans avoir aperçu personne de connaissance, et reprit avec sa jeune femme le chemin des bois. Le retour se fit aussi heureusement que l'aller, et plus joyeusement encore.

Mais, pour se cacher mutuellement leurs appréhensions, les jeunes époux avaient feint une gaîté qu'ils étaient loin d'éprouver. Tous deux savaient que la haine et le désir de vengeance étaient maintenant montés au paroxysme chez les six misérables, et qu'on pouvait s'attendre à tout. Jusqu'au moment où ils se trouvèrent sains et saufs dans la maison, Pierre craignit pour Léna, et Léna trembla pour Pierre.

Le reste de la journée se passa en préparatifs
de départ. Non que Léna emportât grand'chose :
voyageant à cheval, elle ne pouvait se munir
que d'un mince bagage. Mais l'équipement de
Pierre se ressentait de toutes les vicissitudes du
voyage précédent, et exigeait quelques répa-
rations très sérieuses. Il n'y eut pas trop de la
journée pour remédier à tout. Seul, le mors de
son cheval ne put être remis en état que de
manière provisoire, cette réparation exigeant la
main expérimentée d'un forgeron.

— Bah ! dit Pierre, ce n'est qu'une bagatelle.
Demain matin, je partirai devant, avant le point
du jour. Le forgeron n'en aura pas pour un
quart d'heure. Je vous rejoindrai sur le chemin.

— C'est entendu, répondit Rook. Je prendrai
mon fusil et j'accompagnerai Léna jusque-là.

Léna saisit cette occasion de demander à son
père pourquoi il ne partait pas aussi. Mais le
vieillard prétexta des affaires à régler, dans
lesquelles son absence lui causerait un grand
préjudice. Léna n'insista pas.

Le lendemain matin, les bois étaient encore

plongés dans l'obscurité quand Pierre s'élança
vers Héléna au grand galop de son cheval. Le
forgeron, habitué aux visites matinales, était
déjà dans son atelier. Il se mit aussitôt à l'œuvre. Mais la réparation se trouva plus compli-
quée qu'elle ne semblait au premier abord ;
une grande demi-heure s'était écoulée quand
Pierre reprit le chemin du bois, et le soleil
paraissait à l'horizon.

— Soyons sur le guet, se dit Pierre. Rook est
sur ses gardes, je peux me fier à sa ruse et à
son courage pour la sûreté de Léna, mais il
vaut encore mieux que je sois là. Je serais bien
surpris si...

Une détonation retentit ; le chapeau de Pierre
tomba, tandis que son cheval faisait un écart
terrible. Prompt comme l'éclair, le jeune
homme sauta à terre et, guidé par la fumée qui
s'élevait d'un fourré, il s'élança vers son agres-
seur. Aussitôt, un homme détala devant lui
avec l'agilité d'un cerf. Il avait trop d'avance
pour que Pierre pût le reconnaître ; parvenu
à un endroit plus découvert, il se dirigea

droit vers un cheval attaché à une branche.

Craignant de le voir échapper, le quarteron tira à son tour. Dans sa précipitation et à cette distance, il le manqua, mais le coup de feu effraya le cheval, lequel se cabra et rua avec tant de fureur que son maître achevait à peine de le détacher quand Pierre arriva. Saisir l'individu au collet et l'abattre à terre fut pour lui l'affaire d'un instant.

— Ah ! Maître Alfred Brandon ! s'écria-t-il, avec colère. Assassin de profession, décidément ? Eh bien ! vous m'évitez de revenir vous chercher. Comme le veut la loi, vous allez être pendu, sans plus de délai, et à l'arbre même où j'ai failli une première fois être votre victime. Je pourrais, quand vous serez pendu, tirer sur vous à mon tour pour rendre les représailles complètes... Nous verrons, Allons, en route.

Brandon, sous sa brutale forfanterie, était vraiment lâche. Terrorisé par la force herculéenne qu'il venait de découvrir chez l'Indien méprisé, il ne fit même pas mine de résister.

Pierre le remit rudement sur ses pieds, lui lia solidement les mains avec son propre bridon, et revint avec lui vers le lieu où il avait laissé son cheval. L'animal, bien dressé, n'avait pas bougé ; il suivit docilement son maître, qui poussait devant lui le terrifié Brandon.

Quand ils ne furent plus qu'à une courte distance du but de leur marche, ils furent rejoints par Léna qui accourait, à pied et hors d'haleine. Au premier coup d'œil, elle comprit tout.

— Tu n'es pas blessé, Pierre ? cria-t-elle du plus loin qu'elle l'aperçut.

— Non, répondit le jeune homme d'un air sombre. Où est ton père, Léna ?

— Là-bas ; il garde mon cheval. J'avais mis pied à terre en t'attendant, quand cette détonation m'a fait craindre qu'il ne te soit arrivé malheur. J'ai couru...

— C'était très imprudent ; l'assassin que je tiens est, Dieu merci, aussi maladroit que lâche. Mais il a des complices, dont le nombre pourra suppléer au courage. Retourne prier Rook de venir jusqu'ici.

— Pierre, dit Léna en le regardant bien en face, tu vas à la clairière ?

Pierre fit un signe affirmatif.

— Je vais avec toi, ce n'est que justice. Mais je veux te parler. Attache cet homme à ton cheval et qu'ils passent devant.

Pierre hésita un instant, puis fit ce que désirait sa femme.

Jusqu'à la clairière de triste mémoire, les deux jeunes époux causèrent et discutèrent à voix basse, sans que Brandon, dont la terreur avait pourtant aiguisé les facultés, pût saisir un mot. Parvenus enfin sous le peuplier que le planteur ne connaissait que trop, tous trois firent halte.

— Mon projet est des plus simples, Alfred Brandon, dit le quarteron avec beaucoup de calme. Vous m'avez laissé une heure dans la position que vous savez, en me souhaitant que la belle Léna Rook revienne pour admirer ma grâce. Vous allez garder pendant une heure la même position...

Un gémissement de Brandon l'interrompit.

— Cette fois, c'est la belle Léna Robideau, au lieu de Léna Rook, qui vous accordera son admiration, s'il y a lieu. Déployez tous vos moyens de séduction, c'est le moment.

Avec le plus grand sang-froid, Pierre fit subir à Brandon exactement les préparatifs qu'il avait subis lui-même lors de la terrible épreuve. Les dents de Brandon claquaient.

— Non, dit-il d'une voix entrecoupée. C'est impossible que vous veuillez me soumettre à ce supplice. Robideau, vous l'emportez sur moi... soyez content de votre victoire... soyez généreux...

— Quel mot prononcez-vous donc ? demanda Léna, qui avait tiré sa montre et s'était placée à l'endroit qu'avait occupé Buck pour le même calcul. Je crois que vous parlez de générosité ! Mais vous ignorez ce que cela signifie ! Allons, Pierre, y es-tu ?

— C'est fait, dit Pierre en sautant à terre. Bonne chance, Maître Brandon.

— Tu ferais mieux de lui souhaiter bon courage, cher ami : vois comme il est pâle et

comme il tremble. Je suis sûre que tu ne trem-
blais pas aussi bien que lui, pauvre nègre que
tu es. Quoi, Monsieur le planteur, vous donnez
des signes de fatigue ? Mais vous n'êtes pas
accroché depuis cinq minutes !

— Ah ! que vous savez torturer ! dit Brandon d'une voix sifflante. Vous êtes impitoyable.

— Bon ! voilà qu'il parle de pitié ! qu'a-t-il
donc aujourd'hui ? Je n'ai jamais entendu parler
de votre pitié pour les autres, monsieur Brandon : donc voilà encore un mot mal placé dans
votre bouche.

Léna n'avait obtenu qu'à grand'peine de
Pierre la vie de Brandon, et seulement en pro-
mettant de le torturer moralement de façon
cruelle. La jeune femme connaissait trop bien
son Brandon, pour ne pas savoir comment
s'y prendre. Pendant un quart d'heure, elle le
cribla d'épigrammes et de réflexions acerbes.
Même le vindicatif Indien put se déclarer satisfait, et trouver ce genre de vengeance plus
dur encore que celui qu'il intentionnait. Enfin,
Brandon succomba.

— Grâce! râla-t-il. Je tombe.

— Ne vous gênez donc point, riposta Robideau.

Un dernier gémissement, et Brandon, lâchant prise, s'abattit lourdement sur le sol... entraînant la corde, dont l'extrémité n'avait pas été nouée à la branche.

Un double éclat de rire accueillit ce dénoûment. Pierre toujours riant, s'approcha du faux pendu et lui lia sa main restée libre.

— Léna avait raison dit-il; votre endroit sensible, c'est la vanité; votre seul mobile, c'est l'égoïsme. Jouissez donc de la vie que ma femme vous accorde, monsieur Brandon, puisque vous l'aimez à tout prix.

— Le cadeau n'a pas grande valeur en effet, mon ami. Mais que nous importe! Adieu, monsieur Brandon.

— Je vous laisse les mains attachées et les jambes libres, dit Pierre, car je compte peu sur votre reconnaissance et ne me soucie pas d'être frappé par derrière. Adieu.

Suffoquant de rage, Brandon s'élança à travers le taillis, tandis que les jeunes gens s'éloignaient du côté opposé.

Jamais les Robideau ne revirent le vieux Rook. Ils apprirent plus tard que Buck avait tenté de l'assassiner, mais était tombé lui-même sous la balle du vieux chasseur exaspéré de la ruine totale de ses projets. Ce fait, qui était toujours resté un peu louche, et les menaces de Brandon, décidèrent le vieillard à vendre sa plantation à n'importe quel prix et à partir au plus tôt. Il disparut un beau jour, et nul ne sut jamais ce qu'il était devenu.

Quant à Brandon, la colère et l'humiliation après la comédie dont il avait été si bien dupe, en avaient fait une espèce de fou ; il acheva de s'abrutir par l'alcool et mourut ruiné. Les autres quittèrent le pays successivement à la suite de démêlés avec la police. Pierre et Léna, ainsi que Dick Tarleton, sont les seuls qui aient jamais osé raconter l'histoire de la *Corde fatale.*

FIN

TABLE DES MATIÈRES

Paris. — Imp. Vᵛᵉ ALBOUY, 75, avenue d'Italie.

COLLECTION A.-L. GUYOT

(Catalogue — Série B)

Romans d'Aventures, Chasses et Voyages

LES VOLUMES DE CETTE SÉRIE PEUVENT ÊTRE MIS DANS TOUTES LES MAINS

ŒUVRES DE FENIMORE COOPER

Dans toutes les Librairies, Kiosques, Gares :
20 centimes le volume.

On reçoit franco par la poste un volume spécimen et le catalogue contre 30 centimes en timbres-poste adressés à M. A.-L. Guyot, éditeur, 12, rue Paul-Lelong, Paris.

COLLECTION A.-L. GUYOT
(Catalogue — Séries B, C)

Série B. — Romans d'Aventures,
Chasses et Voyages

LES VOLUMES DE CETTE SÉRIE PEUVENT ETRE MIS DANS
TOUTES LES MAINS

ŒUVRES DE MAYNE-REID

Les Pirates du Mississipi	1 vol.
Bruin, ou les jeunes chasseurs d'ours	2 vol.
Les Chasseurs du Limpopo	1 vol.
Gaspar le Gaucho	2 vol.
Les Chasseurs de Scalps	2 vol.
Voyage à fond de cale	1 vol.
Les Chasseurs de plantes	1 vol.
Les Grimpeurs de rochers	1 vol.
Les Boërs Chasseurs d'ivoire	1 vol.
Les Vacances au désert	1 vol.
Les Chasseurs de girafes	1 vol.
Le Mousse de la « Pandore »	1 vol.
Épaves de l'Océan	1 vol.
La Corde fatale	1 vol.

THÉODORE CAHU

L'Île désolée	2 vol.

Série C. — Romans Étrangers

A. POUCHEKINE. — La Fille du Capitaine
(traduit du Russe par Maurice Quais) 1 vol.

Dans toutes les Librairies, Kiosques, Gares :
20 centimes le volume.

On reçoit franco par la poste un volume spécimen et le catalogue contre 80 centimes en timbres-poste adressés à M. A.-L. Guyot, éditeur, 12, rue Paul-Lelong, Paris.

COLLECTION A.-L. GUYOT

(Catalogue — Séries H, I)

Série H. — Agriculture

PETITE BIBLIOTHÈQUE AGRICOLE

Publiée sous la direction de J. RAYNAUD, directeur de l'École d'Agriculture de Fontaines (Saône-et-Loire)

Tome I   Le Sol et les Engrais................ 1 vol.
Tome II   Matériel et Travaux de culture.... 1 vol.
Tome III Les Cultures et leurs Ennemis... 1 vol.
Tome IV   Viticulture pratique................ 1 vol.

Pour paraître prochainement :

Le Bétail et ses ennemis. — Les Industries de la ferme. — Éléments d'économie rurale. — Horticulture et Arboriculture.

Chaque volume broché, 0.20 — Cartonné, 0.35

Série I. — Législation

LES CODES COMPLETS

Code civil.................................... 2 vol.
Code de procédure civile.................. 1 vol.
Code de commerce.......................... 1 vol.
Code d'instruction criminelle............ 1 vol.
Code pénal.................................... 1 vol.
Code forestier. — Table analytique....... 1 vol.
Table (fin). — Lois contitutionnelles, organiques et électorales................... 1 vol.

Les Codes complets, broché, 2 fr.; relié, 2 fr. 50.
—   —   franco-poste, 0.65 en plus.

EN COURS DE PUBLICATION :

Lois usuelles (complémentaires des Codes) groupées dans l'ordre alphabétique

Dans toutes les Librairies, Kiosques, Gares : 20 cent. le volume

On reçoit franco par la poste un volume spécimen et le catalogue contre 30 centimes en timbres-poste adressés à M. A.-L. Guyot, éditeur, 12, rue Paul-Lelong, Paris.

COLLECTION A.-L. GUYOT

(Catalogue — Série L)

Manuels utiles

Dans toutes les Librairies, Kiosques, Gares :
20 centimes le volume.

On reçoit franco par la poste un volume spécimen et le catalogue contre 30 centimes en timbres-poste adressés à M. A.-L. GUYOT, éditeur, 12, rue Paul Lelong, Paris.

Dans toutes les Librairies, Kiosques, Gares : 20 cent. le volume.

On reçoit franco par la poste un volume spécimen et le ca-
logue contre 30 centimes en timbres-poste adressés à M. A.-L.
GUYOT, éditeur, 12, rue Paul-Lelong, Paris.

COLLECTION A.-L. GUYOT

(Catalogue — Série V)

Œuvres Célèbres

DIDEROT

La Religieuse (Edition absolument complète)   2 vol.
Les Bijoux indiscrets (Edition abs. complète)   2 vol.

BOCCACE

Contes galants......................................   4 vol.

DUC DE ROQUELAURE

Mémoires secrets, Amours, Duels, Farces...   8 vol.

SCHILLER

Les Brigands. (Traduit de l'allemand par
Guy Brand)......................................   1 vol.

LE GÉNÉRAL LAZARE CARNOT

Don Quichotte, poème héroï-comiq. et poésies   1 vol.

SAINT-JUST

Œuvres politiques complètes : Discours,
rapports......................................   2 vol.

Dans toutes les Librairies, Kiosques, Gares :
20 centimes le volume.

On reçoit franco par la poste un volume spécimen
et le catalogue contre 30 centimes en timbres-poste
adressés à M. A.-L. GUYOT, éditeur, 12, rue Paul-
Lelong, Paris.

www.ingramcontent.com/pod-product-compliance
Lightning Source LLC
Chambersburg PA
CBHW070358090426
42733CB00009B/1461